JN100502

Н.В. Вишневский

ニコライ・ヴィシネフスキー

樺太における日ソ戦争の終結
知取協定

小山内 道子 訳

白木沢 旭児 解説

御茶の水書房

目　次

樺太における日ソ戦争の終結
知取協定

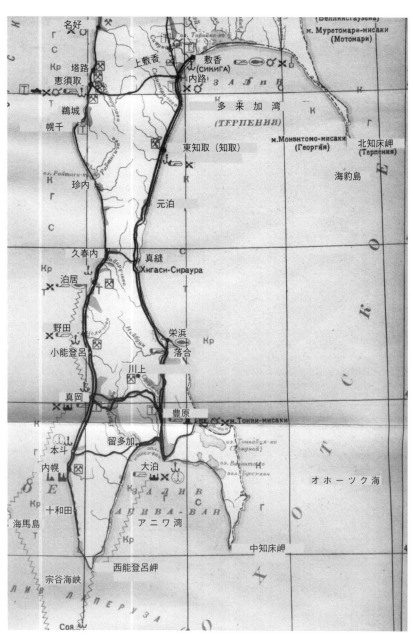

カラフト、1944 年のソ連の地図（地名は日本語に差し替えた）

戦争を記憶せよ！　　海軍中将S.O.マカーロフ

序　言

読者の皆さまへ

　本書では我が国・ロシアの歴史叙述において第2次世界大戦終結期のあまり知られていない出来事を初めて語ることになった。その中心舞台となったのは、樺太東海岸の中間地点にある日本の小さな田舎の町・知取だったのである。現在この町はサハリン州のマカーロフ市である。

　以下に述べる出来事は、偶然のことではなく、正に知取の町に焦点が当てられてからの出来事であった。すなわち、サハリン南部にあるこの町が樺太のかつてのソ日国境と樺太庁の首都・豊原（現在のユジノ・サハリンスク）の地理的中間地点であることの結果だった。1945年8月、知取町は赤軍部隊がサハリン島南部へと進軍する途上の中間地点となっていた…

　本書誕生のきっかけは、歴史上の一つの出来事に対する関心が呼び起こした協力と相互理解が結実した結果である。

　本書は、まず「マカーロフ市管区」の長 A.V. クラスコーフスキーのイニシアチブから始まった。クラスコーフスキー氏は、1945年8月にマカーロフにおいてソ連軍と日本軍代表の間で樺太全土における軍事行動停止協定が締結されたという情報を得て、それに関わる資料収集に取り掛かったのである。この協定の事実関係についての簡単な情報は筆者が2010年に出版した小百科事典[1]に掲載されていたが、この情報の原資料は経済学博士白木沢旭児北海道大学教授の論文「樺太における戦争の終結」[2]であった。

　この論文は筆者にとって特別かつ重大な意味を持つものに思われたが、ソ連軍の退役軍人ベテランたちの回想録には言及されておらず、またロシアの軍事史でもこの出来事は記録されていないのである。まるでこの出来事がなかったかのように！

　資料は少しずつ集められた。この出来事を我々は"知取協定"と名付けた。そしてこの出来事の最初の原資料となったのは、日本で出版された知取停戦協定交渉に参加した日本軍第88師団長鈴木康生陸軍大佐の回想録だった。サハ

リンにおける日本語通・O.V. シャーシキナと A.V. フェチーソフの協力を得て
この書のロシア語への翻訳がなされ、この書がその後の研究の基礎的資料と
なったのである。

　本書出版の準備段階においては在ユジノ・サハリンスク市日本総領事館と個
人的には総領事の平野隆一氏にお世話になった。氏は時間を惜しまずに私たち
の依頼に応えて知取協定締結に関わる文書類を日本の文書館で検索する作業を
さえ行ってくださったのである。その結果、アジア歴史文書センター・フォン
ド（Japan Center for Asian Historic Records）から、「樺太における戦闘停止に
関する協定」の条文資料が届けられた。さらに領事館との共同作業によって停
戦交渉が行われた場所を知取の地図で発見するという結果が得られたのであっ
た。

　本書は四つの章から構成されている。

　第 1 章では、1945 年の日ソ戦争の起源について語り、さらに樺太における
戦闘行動停止協定締結にいたるまでの過程で起こった数々の出来事について述
べる。また、実現しなかった同様の協定の試みがあったことについても言及す
る。

　第 2 章では知取協定が締結された状況を紹介する。

　第 3 章では、ある 1 日について、即ち 1945 年 8 月 23 日、知取協定が締結
された翌日のことを語ることになる。サハリンにおいてこの日は戦闘停止に関
して達成された合意実現開始の日であった。しかし全体としては、この日に極
東で始まったが、その後モスクワで継続された膨大な数の出来事を含んでいる
のである。

　第 4 章は南サハリンにおける軍事行動終結について、また、平和再建を加速
させることのできた人々について述べる。この章執筆に当たっての重要な源泉
となったのは、国立サハリン州歴史文書館とサハリン州郷土博物館から提供を
受けた資料と写真である。また、読者にとって興味深いと思われたので、日本
の『樺太新聞』最終版からのユニークな写真類を利用することになった。この
資料は北海道庁文書館の厚意によって提供されたものである。

　本書の完成までには多くの方々のご支援をいただいた。皆さまに感謝申し上
げたい。また、本書においてその多くが初めて公開された写真資料をご提供く
ださった方々に特段の謝意を捧げたい。

（2017.5）

第1章
南サハリンをめぐる避け難い戦闘

日ソ戦争の計画とサハリン

　サハリン島は1875年からロシア領となった。この年の「ペテルブルグ条約（樺太・千島交換条約）」に従ってロシア帝国はこの島全体の領有権を得たが[3]、全クリール諸島（千島列島）は日本領となった。この『交換』条約はロシアにおいても、また日本においても様々な反響を呼び起こした。この中には否定的なものもあった。日本では軍の主力が樺太とクリール諸島の交換に対する不満を表明した。また、ロシアではロシアの世論の側からの批判が起こった。A.P.チェーホフはこの交換条約の不平等性を著書『サハリン島』で指摘している[4]。しかし、ロシアの諺に「条約はお金より大切なものだ」とある。

　1905年、日露戦争の結果、日本はツァーリ政権の弱体に乗じてアメリカ・ポーツマス会談においてロシアにサハリン南部を放棄せしめた。これに際して、日本の外交官たちは我々がサハリン島を要求したのは「サハリン島は日本帝国を構成している環状の島々の古来からある必須の島々の一つだからである」[5]と言明した。

　これに対してロシア代表団はロシアはサハリンの割譲には同意できないが、この島の海域の漁業の広範な漁獲権とその他の商工業企業の利権を認める用意があると表明した。サハリンに対するロシア国家の権利は「日本がこの島の大部分の領有に関し何ら権利も有していないときに、ロシアの領有権は事実上打建てられたとロシア政府はみなしていたのである。サハリンはロシア大陸の領有と自然法則的に継続したものである。なぜならば、この島は大陸の固い大地から幅わずか約7ヴェルスタ（約7.4km）の浅い海峡で引き離されているだけだからである。」[6]

ポーツマス会談のロシア代表団団長のS.I.ヴィッテはこの時以下のように言明している。

　　サハリンは、あたかも我々の家の入口のところに立っている番兵のようだ。そこでおそらくこの状況が日本を魅惑するのだろう。日本は隣人の玄関の番兵になりたいのだろう。しかし、もしゆるぎない平和という観点から問題を検討するならば、また我々は平和を樹立すべくここで協議していることを考えるならば、日本がサハリンを領有することはロシアによる領有よりもより大きな平和への脅威となるであろうことは疑問の余地がないのである。ロシア帝国としての自覚はロシアが長年にわたって領有してきた領土をロシアから奪い取ることを決して甘受し得ないのである。[7]

　1905年のポーツマス講和条約に従ってロシアは日本にサハリン島の南半分を譲り渡した。そこでヴィッテは「ポルサハリンスキー伯爵」(「サハリン半分伯爵」の意) というあだ名をつけられたが、ヴィッテこそが日本人に対して最初に「講和」条約には否定的結果が起こりうる可能性を警告した政治家だったのである。

　注目すべきことは、ポーツマス条約が締結される前に最初サハリンの半田村で、その後ルイコフスコエ村の教会で、サハリンにおける戦闘行動停止に関する交渉がロシアの軍使と日本軍司令部の間で行われていたことである。恒久的な平和は実際には訪れなかった。ポーツマスの後すぐに、必至とみなされてい

1905年7月30日半田村における露日軍使たちによるサハリンにおける戦闘行動停止に関する交渉

た次の新たな日露戦争の準備が始まった。とはいえ、ロシア・ツァーリ政府は日本によって奪取されたサハリン島南部の返還を夢想するだけにとどまっていたが。

　新しく成立したソヴェート政府は、1925 年日本との外交関係を樹立すると、ポーツマス講和条約条項の効力を確認した。しかしながら、日ソ基本条約に付帯されたソヴェート政府の宣言文では、ソヴェート社会主義共和国連邦政府は条約の締結に対する政治的責任を革命前のツァーリ政府と共有するものではないと強調していた。この条項が I.V. スターリンの基本的なスタンスであり、その後軍事的圧力のもとに失われた領土の返還に関してソ連邦の現実的な遂行計画となって現れたのである。

　1962 年、作家 K.M. シーモノフはソ連邦艦隊海軍大将 I.S. イサコーフ元帥の回想録を書いている。その中でまだ 1930 年代半ばにこの卓越した海軍大将はスターリンとの個人的な対談で「もしわれわれがサハリンを取り戻さないなら、わが海軍はどんなネズミ捕り器に落ちてしまうか分からない」とあえて領袖に語っているのである。

　その時、海軍のリーダー・イサコーフ元帥は地図のそばに立ってスターリンに言った。「ここに、つまり極東に南サハリンがないとすれば、大艦隊を建造することは不可能だし、意味がない。我々がこの南サハリンを取り戻せないかぎりは、どっちみち我々には大洋への出口はないのです。」イサコーフの回想によると、スターリンは彼の言うことを全く穏やかに聴いていたが、しばらくして言った。「まあ、もうちょっと待っていなさい。南サハリンは君のものになるから。」(8)

　そして、これは単なる口先だけのことではなかったのだ！ 1920 年代と 1930 年代のソ連邦極東における軍事的防衛建造物はすべて日本との戦争準備に向けられたものだった。しかし、日本とアメリカ合衆国の「帝国主義的」衝突は、ソ連邦にとって理想的なことだとみなされ、その可能性については V.I. レーニンもかつて一度ならず言及していた。スターリンの見方も同じだった。そして、この日米の衝突である太平洋戦争は第二次世界大戦の枠内で起こった。

　1941 年 12 月 7 日、日本の飛行編隊がアメリカの海軍基地パール・ハーバーを攻撃した後、アメリカ合衆国の指導部はソ連政府に対し、ソ連邦も日本との戦争に加わってほしいという要請を一度ならず行っていた。しかし、ナチス・ドイツとの流血の激戦を闘っている条件下にあるソ連邦にとって、二つの戦線

で戦争を行うことは全く困難なものであり、決定的に危険なことだった。それにもかかわらず、ソ連極東における日本との戦争への準備は引き続き行われていたが、対独戦のソ連前線においてスターリングラードの戦闘とクールスクの会戦の過程で根本的な転機が見えてきて以後は、特に対日戦への準備は加速されたのである。

　第二次世界大戦における連合国の列強、ソ連邦・アメリカ合衆国・大英帝国政府の3巨頭によるクリミア（ヤルタ）会談（1945年2月）において、ソ連邦は日本との戦争に加わることに合意したことを表明した。同時にこの会談においてソ連邦に対し南サハリンの返還とクリール諸島譲渡の問題が決定された。その後すぐ目前に迫りつつある極東における軍事行動への準備が明白に活発化した。つまり戦争実施に関し細部にわたり計画が練られたのである。(9)

　作戦計画仕上げの際、原則に関わる方針は I.V. スターリンによって提示された：戦争を最短期間に遂行せよと。(10) 極東におけるソ連軍最高総司令官にはソ連邦元帥 A.M. ヴァシレフスキーが任命された。この時まで彼はソ連邦極東の国境で勤務したことはなかったが、1937年10月から1945年2月までの間、参謀本部で司令部構成員による作戦準備部局長から参謀本部長にいたるまで様々な職務につきながら、極東における軍事行動の舞台の特色を聞きかじりではなくしっかり掴んでいたのである。

　基本的な作戦プランは（大陸における）、ザバイカル、プリモーリエ、プリアムーリエの側からの主要な攻撃と、同時的に中国北東（満洲）の中心部へ回り込みつつ関東軍主力部隊を切り離して粉砕する援護的な攻撃であった。

　この作戦との関連で参謀本部はサハリン地区におけるソ連軍のすべての作戦行動、軍事行動を、満州における日本軍主力の完全な孤立状態を担保する手段の一つとして検討していたのである。同時に、関東軍が援護を受ける可能性のある地域に対する主力部隊による攻撃を伴う侵攻作戦展開をも検討していた。支援を受ける可能性のある地域として参謀本部は朝鮮を、またある程度は南サハリンを想定していた。(11)

　まさに以上の理由から、参謀本部指導部はすべての前線からの同時的侵攻について決定を下していたのだ。すなわち、ザバイカル方面からと極東第一および第二地区からの進攻である。しかしながら、1945年8月7日に届いた総司令部からの指令は、ザバイカルおよび極東第一戦線は8月9日に攻撃を開始すべきこと、一方、第2極東方面軍（M.A. プルカーエフ将軍指揮）は A.M. ヴァシ

レフスキー元帥の特別指令によって攻撃（サハリンを含め）を開始しなければならないというものだった。[12]

　南サハリンとクリール諸島の解放戦は、主要な課題である満洲の戦略的攻撃作戦が成功裡に遂行・完了されるかどうかにかかっていたのである。南サハリンには陸軍少将 L.G. チェレミーソフ指揮下の第 2 極東方面軍第 16 軍部隊が呼び戻されることになっていた。この部隊の重要な突撃主力は第 56 歩兵軍団だった。

南サハリン攻撃作戦の立案

　南サハリン攻撃作戦の直接的な立案は、1945 年 3 月から始められた。その時、十分な戦歴を積んだ第 56 歩兵軍団の新しい司令官、ソ連邦英雄の A.A. ディヤーコノフ陸軍少将が北サハリンに到着したのである。A.A. ディヤーコノフは 1939 年のハルヒン・ゴル川（ノモンハン）における戦闘と 1939 年〜1940 年のソ連・フィンランド戦争に参加していた。1941 年〜1943 年には M.A. プルカーエフ指揮下で戦っている。その中で A.A. ディヤーコノフ指揮の兵団はモスクワ郊外のモルヴォチッツァおよびホルムの戦闘でドイツ・ファッシスト軍のデミヤンスク軍団包囲の際、ヴェリーキー・ルーキ強襲に参加していた。

　サハリンは想定されている軍事行動では第二義的な舞台であったが、南サハリン作戦を成功裡に遂行する責任はより重要なものに引き上げられた。この軍事行動によって作戦の政治的目的の一つであるサハリン南部をソ連邦に取り戻す任務の遂行を可能にしなければならないからである。

　軍事行動の開始までには第 56 歩兵軍団は第 79 歩兵師団、第 2 および第 5 独立歩兵旅団、第 214 戦車旅団、第 673 および第 178 独立戦車大隊、第 478 曲射砲連隊および第 433 砲兵連隊、独立サハリン機関銃連隊（オノール郡駐屯）による編成となっていた。

　南サハリンにおいて第 56 歩兵軍団と対峙していたのは日本第 5 方面軍下第 88 師団（司令官は峯木十一郎陸軍中将）と日本海軍に属する特別国境部隊と予備役（在郷軍人）であることは良く知られていた。

　第 88 師団は歩兵連隊 3 軍から構成されていた。即ち歩兵第 125 連隊、歩兵第 25 連隊、歩兵第 306 連隊である。

　歩兵第 125 連隊はソ連領サハリンとの国境沿いに配置され、古屯の防御要

塞の防備に当たっていた。この連隊の任務は国境において万一赤軍が攻撃した場合、増援部隊の到着まで持ち堪えることだった。さらには、国境線において赤軍を叩きのめして反撃に転じ、ソ連軍の側面と後方に打撃を与えて、彼らを国境および戦線後方から分断する計画だった。[13]

歩兵第25連隊は2大隊によって真岡港（現在のホルムスク）を、また別の大隊によって島の南西部を掩護していた。歩兵第306連隊は内路（現在のガステロ）、栄浜（現在のスタロドゥープスコエ）及び大泊（現在のコルサコフ）にそれぞれ大隊を駐屯させていた。

戦闘行動開始に先立って、サハリンにおける日本とソ連邦の陸上の国境線が通っている北緯50度南側の日本の防御施設に関する僅かな情報を基にソ連の司令部が配置された。諜報部員は国境の半田哨所（現在のロシィーノ）の地区には塹壕と有刺鉄線の障害物が、古屯町（現在のポベジノ）地区には塹壕と2か所の監視櫓があると報告していた。古屯の町への北からの進入路の防壁になっている幌見峠（現在のオブゾルナヤ山）は防御施設が構築され、防御拠点となっているという情報もあった。[14]

幌見峠を越えて南へと通じる唯一の地固めされた道路はソ連軍主力の攻撃の方向を条件づけていた。ヨーロッパにおける戦闘の経験から判断して、国境を取り巻く地帯は（幌見峠までの）第79歩兵師団（司令官はバトゥーロフ陸軍少尉）の構成部隊から編成される独立兵団が応戦することによって持ち堪えるという決定がなされた。師団の主力部隊は道路に沿って進撃すべきであり、古屯の町を攻撃突破し、A.T.ティミルガレーエフ中尉率いる第214独立戦車旅団を先頭に引き入れ、爾後の成功を目指す計画であった。第2の突撃部隊にはA.M.シシェカール大佐指揮下の第2歩兵旅団が配置された。

攻撃への準備態勢

サハリンで戦闘を行わざるを得ないことは、知られていた。そして、兵士たちはその知らせを待っていた。ある者は戦闘に参加し、東京まで行きたいと望んでいたが、戦争が終わって単に一刻も早く帰郷することを望んでいる者もあった。

1945年4月7日付け第79歩兵師団の新聞『祖国ソヴェートのために』に、日ソ中立条約の廃棄通告に関する情報が掲載された。[15] このことがサハリンの

軍団司令部[16]にとって極東における武力衝突が近いことのシグナルとなった。

　この短い期間に A.A. ディヤーコノフに部隊の戦闘行動を準備させることになったが、効果的に使われた。既に 4 月のうちに第 79 歩兵師団の 1 部は「道なき場所への進軍と遭遇戦」をテーマとする戦略的教練を終えていた。

　夜間に、雪にまみれて兵士たちは長い谷間と丘陵を超えて森林地帯を進んでいった。

　「すべての兵士に一刻も早く "敵兵" に遭遇したいという一つの強い思いがあった。峠で赤軍兵士たちは兵士に対する栄誉賞について書かれた『パンフィーロフの英雄たち』という冊子を読んでいた。勇敢な兵士たちはズヴォーロフの先導によりアルプス山脈越えを成し遂げたロシアの勇士たちの奇跡を思い返していたのだ。」と師団の新聞には書かれていた。[17]

　1945 年春、第 79 歩兵師団の隊員たちは樺太との国境近くで防御施設構築の準備に取り掛かった。この防御施設を利用することで軍部隊と将校団の防御施設地域における軍事衝突の際の攻撃と相互補完行動の準備が行われたのである。第 65 および第 79 歩兵師団の前衛大隊の防衛位置は国境の前哨部隊と直接隣り合っていた。この位置が攻撃への発進地となった。[18]

　1945 年 5 月 1 日、新聞はソ連赤軍がベルリンに勝利の国旗を掲げたと報じた。また最高総司令官 I.V. スターリンは同じ 1945 年 5 月 1 日付命令 №.20 によって、ヨーロッパ戦線で闘った陸軍と海軍の兵士たちに勝利の祝辞と共に今後の課題を提起した：〝野獣ファッシストを殲滅せよ！〟

　スターリンは日本についても思い起こしていた。命令の中でこう述べたのである。「ドイツの命運は尽きたと言える。その領土の半分以上は赤軍とわが連合軍によって占領されている…ドイツ軍の人的資源は尽きている。ドイツは完全に孤立させられ、1 国だけの状態だ。ただし、その同盟国である日本を勘定に入れなければの話だが。」[19]

　これは日本に対するスターリンのいつもの陰険な照準合わせだった。

　第 2 極東方面軍の最高司令部がサハリンに到着したことは目前に迫るサハリンでの軍事作戦の重要性を示すものだった。1945 年春から夏にかけて第 2 極東方面軍司令官 M.A. プルカーエフ上級大将、方面軍軍事会議委員の D.S. レオーノフ中将がサハリン軍団を 2 度にわたって訪問していた。軍団の戦闘準備体制の春季検閲は第 2 極東方面軍副司令官 V.S. ゴルボフスキー中将が行った。将軍たちは助言を与え、独ソ戦の前線で戦って得た経験を分かち合っていた。[20]

第79歩兵師団の戦闘準備態勢を点検後の第2極東方面軍司令官 M.A. ブルカーエフ元帥（左から3人目）と
方面軍軍事会議委員 D.S. レオーノフ陸軍少将（左から4人目）。前列右から左へ：I.P. バトゥーロフ陸軍少将、
M.M. ルシーノフ大佐、A.A. ディヤーコノフ 陸軍少将、P.T. セルジューク大佐

　6月にはサハリン軍団参謀本部では軍団指揮官と各大・中・小部隊の攻撃作
戦準備のための召集が行われた。「我々はその時地図の上で、理論的には[21]集
団による方法で南サハリンにおいて日本の第88師団を壊滅させたのです。」と
第165歩兵連隊の指揮官 N.D クルマーノフは回想している。「また、その時防
御地区突破を行う軍団の指揮官の役目が私に降りかかったのです。しかし、私
たちが召集の時に聞いた事柄は、現実とは全く違ったものでした。ただ、盲滅
法に突っ込み見ました…」[22]

戦闘前夜

　サハリンにおける戦闘開始の前にソ連軍司令部は兵士たちの政治的、道徳・
心理的な心構えに対しても大いなる注意を払っていた。この仕事は大祖国戦争
の経験を顧慮して第16軍政治局部長 A.I. シメリョーフ中尉[23]の指導のもとに
行われた。「政治学習においては、講義、報告、個人的な、あるいは集団的な

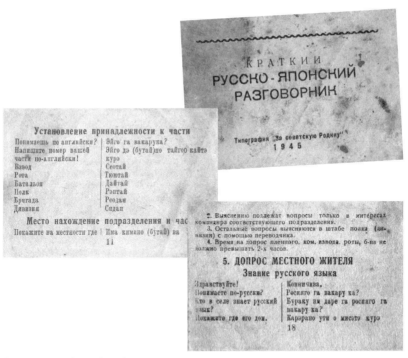

『口日会話帳』の表紙と内容の 1 部

　談話、壁新聞や師団の新聞『ソヴェート・祖国のために』の中で兵士たちと将
校たちにサハリン南部とクリール諸島について、日本国内の政治情勢及び国際
情勢について、また、このことから警戒心を高めること、常に戦闘態勢を保つ
ことなど…が語られた。第 79 歩兵師団のかつての政治局部長 P.T. セルジュー
クは思い出を語っている。新聞『ソヴェート・祖国のために』の戦闘前夜の主
軸のテーマは部隊と兵団個々の構成員の教育で、日本軍国主義の侵略的な目論
見を壊滅するための党と政府の呼びかけに、いかなる瞬間であれ十全な覚悟を
持って突入する体制を保つというものであった。

　敵の軍団と予測される軍事行動の舞台を完全に研究する目的で師団新聞の編
集局は、師団参謀部員の参加を得てガイドブック的資料冊子『日本の軍隊』と
『カラフト―南サハリン奪取のための日本の軍事拠点』を作成した。」[24]

　サハリンの日本人住民および捕虜と意思疎通を図るため、第 79 歩兵師団参
謀部は『露日簡易会話集』を作成し、師団の印刷所で印刷した。この会話集は
分野別に構成されており、捕獲、捜査、護送、捕虜の尋問の際に使用される用

語、また簡単な命令語と数詞の表を含んだものだった。[25]

　軍団参謀部の諜報部はこの会話集を利用することに特別の意義を与えており、B.V. シシコ少佐がその面の指導を行った。諜報部の通訳 S.M. バフルーシェフ[26]の方は将校たちにこの会話集利用に関する面接テストをパスすることを要求したのである。[27]

　1945年8月8日、北サハリンにおける全レベルの部隊の政治部職員は小区分の部隊へ派遣された。彼らはその部隊の職員と会って集会を行い、そこで登壇すると「日本の略奪者たちに死を！」、あるいは「ロシア固有の領土、クリール諸島と南サハリンはわれわれのものでなければならぬ！」などと極東における侵略の第2の火元を壊滅することを訴えたのである。また、祖国への裏切りに対する復讐、日本帝国主義への復讐について兵士たちが宣誓を行う件に関しても話し合いが行われた。[28]

日本軍諜報部員の報告資料によると

　1944年の冬[29]から始まった北サハリンにおけるソヴェート軍の活動が高まったことを日本軍の諜報部員は見逃さなかった。デルビンスコエ村（現：トィモフスコエ）に駐屯しているソ連の歩兵師団の基本的任務は戦争が始まった場合、国境を突破して南部へ進軍してくると日本軍司令部は見なしていたが、その師団がオノール村へと配置換えになったということが確認された。オノール村は国境の北わずか25キロメートルにあった。デルビンスコエには、日本諜報部のデータでは戦車旅団が配置された。この情報は現実と一致していたのだ！

　1945年春、国境のピリヴォ・ソフホーズを駐屯地とする小部隊の所に、ソ連軍によって新しい観測地点が設置されたという情報が上敷香に駐屯していた第88師団参謀部に入ってきた。ドイツが降伏した後、ピリヴォの港では兵士と武器を運んでくるソ連の輸送船の活発な動きが目立つようになり、安別（現：ヴァズヴラシシェーニエ）の日本守備隊の陣地近辺にはしばしば朝鮮人が現れるようになった。彼らは拘束されると、道に迷ったと答えるのだった。島の中心部に配置されている国境警備隊からはオノール村から戦車の爆音が聞こえてくる、山の頂上からはソ連領で煙が上がっているのが観察されたなどの情報が入った。師団参謀部では、ソ連邦は国境に夥しい戦力を集中させているという

結論に達した。[30]

　1945 年 5 月 9 日、北海道、クリール諸島（千島列島）および樺太に配置されている軍隊を統括している第 5 方面軍参謀部（札幌）は防衛計画に取り掛かった。この計画は参謀本部によってソ連軍の極東への投入開始の情報に鑑みて作成されたものであった。防衛計画は以下のように述べている。

　　アメリカ合衆国の樺太攻撃の確率の方が大きい。西能取岬地域に上陸作戦を行う可能性がある。敵の艦隊は宗谷海峡（ロシア名：ラペルーズ海峡）を通って潜入、アメリカ合衆国の上陸作戦部隊は推定するに、2〜3 個師団であろう。部隊は豊原へ進軍するであろう。ソ連邦が攻撃する場合は、ソ連軍は国境の防衛線を突破し、島の南部へと進軍し、栄浜、大泊、真岡への上陸作戦を行うだろう。[31]

　予想される樺太攻撃の時期は本国における戦闘行動の進展によって判断されていた。

　もし目的が海峡を支配下に置くことだけであるなら、上陸作戦はおそらく1945 年の秋に行われるだろう。日本の情報分析が推測したように、ソ連の軍隊は 1 年のうち冬期にも戦闘を行うことが出来ること、また、樺太の国境地域の沼地は冬期に凍結することを考慮するなら、ソ連側からの攻撃は高い確率をもって冬に予期されていた。

　いずれにしても日本では主要な敵はアメリカであるとみなしていた。日本軍司令部は、サハリン戦線においてアメリカ合衆国の陸海軍は主要な戦線への攻撃にさらに有利な条件を作り出す目的で作戦行動を行うことが可能である。[32]防衛計画を分析した後、第 5 方面軍参謀部は樺太の第 88 師団参謀部に以下の命令を発した。

　　師団部隊の一部（およそ 3 歩兵大隊、2 砲兵中隊）は敷香（現在のポロナイスク）および恵須取（現在のウグレゴルスク）より北の地域に決死の覚悟で駐屯し、特に国境においては猛然と戦わねばならない。師団の基本部隊には豊原の南西部のリュートガ川（留多加川）沿いに防御施設を構築し、陣地を防衛する。必要な場合は栄浜、留多加（アニワ）、大泊へ分隊を転進させる。[33]

　第 88 師団は命令を受けた位置に部隊を移動させた。5 月 27 日師団参謀部は上敷香から豊原へ移動した。豊原では郷土博物館の建物に入った。島の南部ではアメリカ軍の上陸作戦撃退に備えて防御陣地の構築が始まった。

モスクワ

　1945年8月8日モスクワ時間17:00時、ソ連邦外務人民委員V.M.モロトフは日本国大使佐藤尚武を接見した。モロトフはソヴェート政府の名において日本政府への伝達事項として以下のことを宣言した。「ヒトラー・ドイツの壊滅と降伏の後、日本は依然として戦争継続を堅持している唯一の大国である。」このことに鑑み、「平和の到来を早め、諸民族を爾後の犠牲と辛苦から解放し、ドイツが無条件降伏を拒否した後舐めた苦しみと同様の危険と破壊を日本人民が免れる可能性を与えることを志向しつつ、」8月9日から「ソ連邦は日本と戦争状態になると見做すものである。」[34]

攻撃前夜

　1945年8月9日、南サハリン攻撃作戦が始まった。その結果1904–1905年の日露戦争の結果日本に奪取されたサハリンの南半分がソ連邦に返ってきた。しかし、ソ連軍が一挙に満洲の奥深くまで強力な打撃を与えた大陸と違って、サハリンではその日戦闘行動は、諜報部隊によって局地的に行われたに過ぎなかった。

　諜報部隊は、国境の日本側の拠点、特に半田警察署のある地区を奪取しなければならなかった。[35] 第56歩兵軍団の主力が8月9日には諜報部隊の戦闘行動に続いて攻撃態勢に移っていない状況だったこと、しかも攻撃がようやく2昼夜過ぎてから始まったという状況は否定的な結果を招いた。樺太の日本軍司令部は、1945年8月9日まで北部からのソ連軍の攻撃をも、島南部の海岸沿いの地域[36]へのアメリカ海軍の上陸作戦をも同程度に予想していたから、国境地区に駐屯していた歩兵第125連隊の配置換えを行い、内路地区から移動させた連隊によって完全な大隊（歩兵第125連隊の第3大隊）に強化することにも成功していたのである。その移動はソ連の航空諜報部員によって記録されていた。[37]

　同時に富内地区（サハリン南部）から内路へ歩兵第125連隊の第3大隊と交代に歩兵第306連隊[38]の第3大隊が配置換えされた。その結果ソ連軍は古屯防御地区突破の際、比較的大きな損害をこうむったのである…

　8月10日、国境地帯での戦闘は続いていた。D.S.トレグベンコ少尉の指揮下増強した諜報部隊が編成され、ニブ地区まで諜報活動を行い、高地「ルイジャ

ヤ」を確保し、ハンダサの警察哨所[39]を占領すべく国境へと奥深く 40km まで移動した。

　地区別に配置された第 10 空軍第 255 混成航空師団の飛行機および大陸の飛行場からは北太平洋艦隊の航空戦闘部隊の飛行機の出撃が始まった。艦隊航空機は南サハリンの西海岸沿いの港町へ、第 10 空軍航空機は古屯、敷香、内路方面への主要道路沿いの施設への作戦行動を行った。

　8 月 10 日、2 機のИЛ-2（IL-2）と 6 機　のЯK-9（YaK-9）が気屯町地区（現在のスミルヌィフ村）で鉄道の輸送列車に猛烈な爆撃を行った。[40]

　　気屯駅では人々が、亜屯駅（現在のエリニキ）を時刻表通りにちゃんと出発した汽車を待っていた。やがて曲がり角の所に D51-1 の機関車が姿を現した。ところが、機関車はあたかも何か危険を知らせるかのように白い濃い煙を吐いた。その時誰かが叫んだ。「飛行機だ！」皆は一斉に空を見上げた。

　　飛行機は古屯の側から飛んできた。誰かが訊ねた。「どこの飛行機だ？」誰も答えなかった。その当時樺太にはほとんど日本の飛行機はいないことを皆知っていたのだ。だから、あれはソ連のだというわけだ。しかし、このことを誰も信じたくはなかった。赤軍が 50 度線で国境の攻撃を始めたことは知っていたのに。ソ連の飛行機がこのように国境から遠く後方へ現れたことは、日本軍が敗けていることを意味したのだ。

　　飛行機は高度を下げ、汽車に対し爆撃を開始した。人々は恐怖におののきながらこれを見ていた。機関士は助けを求めるかのように胸を引き裂くような長い汽笛を鳴らした。飛行機はさらに数発の射撃を行い、機首を転じて北サハリンへと去っていった。この時はソ連政府が日本に対し宣戦布告をしていたことをまだ誰も知らなかった。ただ、国境地帯で日本の守備隊とソ連の国境警備隊の間で何か事件が起こったという噂はあった。しかしながら、日本の政権は謀略に屈することはない、すべては正常化していると語っていた。しかし、実際には既に本当の戦争が行われていたのだ。兵士は戦死しており、人々は長年にわたって蓄えてきたものすべてを捨てて、南を目指して逃げていたのである。[41]

　その日、第 255 航空師団は 47 回の航空機の出撃を行っていた。[42] 北太平洋艦隊航空戦闘部隊航空隊により 8 月 10 日 22 時から 8 月 11 日 3 時までの間に、恵須取市街は爆撃を受けた。その結果、火事の発生が認められた。[43]

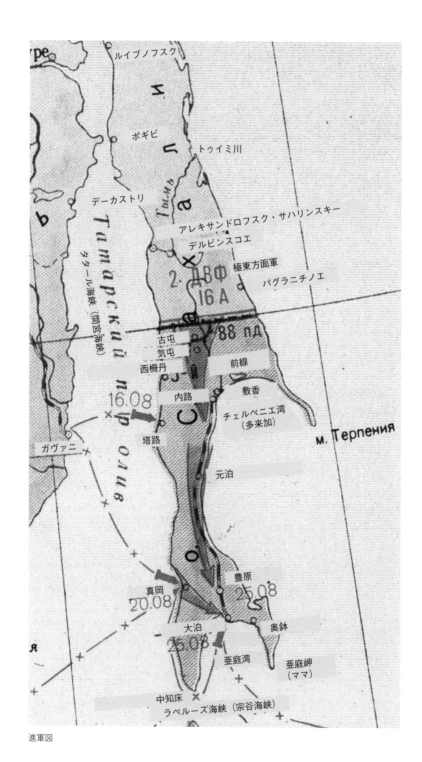

進軍図

戦闘上の課題

　8月10日、第2極東艦隊司令官M.A.プルカーエフは第16軍司令官チェレミーソフに対し、戦闘に関する課題を提示した。

　　—　第56歩兵軍団は第255混成航空師団の援護を受けつつ1945年8月11日午前10時、サハリン島コトン—ケトン—カミシスカ—ナイロ方面への道路沿いに攻撃に移ること。

　　—　喫緊の課題は、各機動隊によって（第214戦車旅団、戦車搭乗の1歩兵大隊、第163対戦車殲滅独立師団および第284砲兵連隊第2大隊）、第2梯団には第178と第678戦車大隊を含めて、1945年8月12日12時にかけてカミシスカ、シスカ、ナイロの町々を確保すること。

　　—　爾後の課題：ナイロ、シスカの防御線にとどまらず、2縦隊によって南部への進撃を続けること。右翼は1戦車大隊、1歩兵連隊、1砲兵大隊の構成でエストルへ向かい、さらにサハリン島の西海岸沿いへ進む。左翼は軍団の残りの部隊によって東海岸沿いにモトドマリ（現在のヴァストーチナヤ）、オチアイ（現在のドーリンスク）、トヨハラへ向かい南サハリンの全敵軍を掃討すること。

　　—　第113独立歩兵旅団は北太平洋艦隊との協同作戦によってマオカ、エストル地区に海兵隊を上陸させ、サハリン島の西海岸を確保してトヨハラへの攻撃を展開、ルータカ、オオドマリの港で敵の船舶乗船による撤退を阻止すること。

　　—　第5歩兵旅団独立自動銃兵大隊に第82独立機関銃射撃中隊と国境警備司令部と共にサハリン島西海岸から、またエストルにいたる陸上の国境から敵を一掃し、西海岸道路沿いの敵軍による攻撃のための移動を許さないこと。[44]

進　撃

　極東戦線における日本との戦争の最初の数日の上首尾を評価して、ソ連司令部はサハリンでの攻撃を開始する決定を行った。[45] 1945年8月11日、第56歩兵軍団の主力部隊がカラフトの国境を越えて移動を始めた。不意に日本側からの猛烈な反撃にぶつかった。彼らはその場所の地形と構築した防御施設を巧

みに利用していた。「45年8月9日から9月5日までの敵砲兵隊とわが軍の諜報機関の活動について第16軍砲兵隊参謀部月例公式報告」には以下のように記載されていた。

敵の拠点は通常全周防御が行われている。重機関銃が永久トーチカとDZOT[46]の防御態勢を固めていた。敵の拠点の前方では砲火の効力を避けるために軽機関銃を持った見張り兵を送り出していた。防御施設の周りの樹上に「狙撃兵」を配置し、敵の進撃には銃撃を浴びせていた。砲撃施設は完全にカムフラージュされており、砲撃する箇所は隠されていた。銃撃は進撃者に至近距離から突然面と向かって開始されるのである。日本側は防御戦において頑強で、拠点を守る戦いは粘り強く、特に永久防御施設の守備隊は拠点を守るために粘り強く戦った。包囲や封鎖も恐れず、降伏して捕虜にならず、最後の一人まで闘った。[47]

8月12日にかけてソ連軍はわずかに国境拠点哨所であるハンダ、アンベツ、ムイカを確保できたに過ぎなかった。そのため、第2極東艦隊の軍司令部の命令であるすべての拠点の確保は滞っていた。また、第113独立歩兵旅団のマオカ、エストルへの上陸作戦も実行されていなかった。

8月11日夜半、その後8月11, 12, 13日と北太平洋艦隊はエストルとトウロ港地区、さらにウシロ地区でも「倉庫およびその他の軍事施設」を爆撃した。この攻撃と8月12日、13日に行われた特別な航空偵察の結果、敵のトウロ—エストル行動区域の海面は防御されておらず、沿岸の砲兵陣地は飛行場もなく、夜間の巡察も行われていない等が確認された…[48]

それにもかかわらず、島西海岸へのソ連上陸部隊の上陸作戦決定までにこの地区の偵察はさらに2昼夜にわたって行われたのだ！この遅れには魚雷艇グループの出動による偵察も入っていた。奇襲という要因を逃してしまったのだ。しかし、このようなやり方が第2極東戦線軍事会議の立場だった。闘志満々の北太平洋艦隊参謀部が上陸作戦を狙った地区が第56歩兵軍団の戦闘隊形から200km離れた場所にあるため、斥候のデータによると、軍事会議は南サハリン側から国境へと通ずる地帯にある日本師団によって、我々の部隊が到達するまでに先発の我が軍小規模降下部隊は殲滅されるのではという予測を恐れ、注意を払ったのである。それ故に、前線の軍事会議は、この目的のために特別に編成した陸軍分遣隊の兵力によって南サハリンの海岸部から敵軍を一掃することがより目的にかなう作戦であると考えたのである。[49]

　第 56 歩兵軍団は南部への攻撃を「孤立したまま」続けていた。第 79 歩兵師団第 165 歩兵連隊は第 56 歩兵軍団の主力攻撃の前衛として行動しつつ、敵軍防衛の第 2（中間の）境界へと進撃した。敵軍の抵抗は激烈だった。

　「戦闘は長引いて数日にわたった。」と戦後第 165 歩兵連隊の隊長 N.D. クルマーノフは回想している。

　　敵陣には各トーチカの間で合意された整然とした銃撃のシステムがあった。タイガと沼地という条件下で 12 キロメートルに及ぶ戦線を 1 連隊の兵力で敵軍を包囲し、撃滅するのは不可能だった。敵の銃撃のシステムを破壊しなければならなかった。これを達成すれば、DZOT を封鎖することが出来る。砲兵中隊の砲撃（45mm と 76mm）は DZOT に対して特別の損害を引き起こさなかった。この間猛烈な雨が降って我々に様々な困難を引き起こした。オノールからかつての国境まで、さらにその先の道路は完全に駄目になっていた。食糧と武器弾薬の運搬は極端に難しくなった。第 79 歩兵師団の指揮官バトゥーロフ陸軍少将は道路を再建するという手段を取った。[50]

　第 165 歩兵連隊のかつての宣伝員 V.A. クリヴォグーゾフ上級中尉はあの当時の出来事について記憶していた。彼は困難な状況から脱出する手段を見つけるよう命令を受けて、前線に派遣されたが、そこには負傷者を避難させるための道路がないため連隊の医療哨所が置かれていた。[51] 政治局職員は回想している。

　　あのどうしようもない光景は何年も経った今も眼前に浮かんできて消えない。医療所のテントがあり、それと並んで灌木の茂みがあり、そこは負傷者であふれており、その一部の人たちは病院への搬送を待つのを止めていたのだ。皆が第 157 連隊の兵員が速成に道路を建設しているのを知っていたが、8 月 14 日の午後でもまだ出来ていなかった。医薬品も、また大事な包帯も使い果たしていた。医療班の人たち全員が、医者から衛生員まで、その顔は同じ表情だった：〈この先どうなるのだ？〉ここでは説明は役に立たないのだ…解決策を負傷者たちが教えてくれた：中隊曹長の所にあるリネン類を集めて包帯材料に変える。中隊の馬車は輸送隊に統合して、これで負傷者を後方に運び始める。しかし、ここで橋が完成したので、橋を自動車で渡って行った…[52]

　日本軍の頑強さはソ連軍司令部に南サハリン占領を加速させるべく追加的可

能性を探ることを余儀なくさせた。北太平洋艦隊指揮官 V.A. アンドレーエフ海軍中将の提案により、攻撃軍第56歩兵軍団への援助としてトウロ港（現在のシャフチョールスク）への上陸作戦が準備され、実行されたのである。8月14日からは真岡港[53]の上陸作戦の準備が始められ、それは6日後に実行されることになっていた。アレクサンドロフスク地区からほぼ完全な編成の第2独立歩兵旅団が最前線へと向かったのだ。兵士たちは歌を歌いながらアレクサンドロフスクを出発した：

　　さらば、わが愛する町よ、我らはオノールへ向けて発つ…[54]

　デ・カストリから転進してきた N.S. オゼロフ大佐指揮下の第432歩兵連隊（1大隊を除く）が第2独立歩兵旅団の防衛陣地に到着し、引き継いだ。[55]

自然界に悪天候はない

　1945年8月9日から極東全域で雨天の日が続いた。サハリンでは豪雨となっていた。重兵器類の通行は唯一の道路をぬかるみに変えてしまい、その道路をソ連軍は攻撃へと向かって行った。しかし、「チョルナヤ川（亜界川）の区域から半田警察署の間」で渋滞となった。道路は戦車、大砲、弾薬や食糧を積載した自動車で塞がれて、動きが取れなくなったのだ。兵士も将校たちも日本軍の航空機が襲来するのではと怯えていた。

　樺太には1945年の8月にかけて軍用機はなかったことが分かったのは戦闘が終わってからにすぎなかった。しかし、ソ連軍の攻撃に対して日本が航空機を使用する危険性は実際に存在していたのである。

　豊原の第88師団参謀部の会議において、古屯防御施設地区の状況を分析した後、以下のような決定がなされたのである。その結果8月13日、北海道にいる第5および第32航空部隊の豊原飛行場と大谷（現在のソーコル）飛行場への移動命令が下された。稚内港では第649特別大隊の小隊を樺太へ配置換えするための軍用艦への積載が始まっていた。

　8月14日、第5分遣隊は24機の構成で札幌から樺太方向へ向けて飛び立った。しかし、悪天候のため宗谷海峡を通り抜けることが出来なかった。第32低空戦闘爆撃機も同じく基地飛行場を飛び立つことが出来なかった。このように日本の司令部が考案した樺太での航空部隊による戦闘援助計画と北海道からの新たな補完歩兵小隊の移送は実現されなかったのである。

日本軍使の一行

　とはいえ、サハリンに日本の戦闘機が出現したとしてもソ連軍司令部は準備が出来ていたのである。第 56 歩兵軍団の対空防衛部隊小隊強化のためにサハリンでの戦闘開始に向けて S.I. ベリチェンコ少佐指揮下の第 221 対空防衛独立高射砲兵師団[56]が到着していたのだ。同師団は大祖国戦争にはカリーニンスクおよび第 1、第 2 プリバルチック戦線とレニングラード戦線で戦っている。この戦闘で K.V. バリノフ少尉は銃を上向きの遊底発条にしただけで何と敵機 15 機を撃ち落とした記録を持っていた！

　8 月 13 日、14 日、15 日とサハリンでは昼夜戦闘が続いていた。[57]

　8 月 15 日、サハリンでは日本の天皇が「恒久平和を樹立するために」戦争中止決定を行ったことが明らかになった。このことについてはすぐに第 79 歩兵師団の新聞『ソヴェートの祖国のために』が兵士たちに知らせている。そして 8 月 15 日に設定していた古屯防御要塞地帯の主要な防衛ゾーンへの襲撃は中止された。

　陸軍少将ディヤーコノフが正にこの日半田警察署永久トーチカの一つに置かれた司令部で、ソ連軍が敵の領土へ進軍する命令書 No. 0215 に署名したことは驚くに当たらない。「赤軍の担う崇高な解放の使命に反して行われる軍人たち

の行動を回避する」目的で出されたこの命令書は、兵士、軍曹、士官に対する命令「敵の領土においては勝利者の軍人としての尊厳を持って自己の行動を律すること、土地の住民に対しては厳格に、同時に公正にふるまうこと、反抗的態度に出ない人々に対して暴力に訴えることのないように、国家の所有物、また個人の所有物は権限を有する司令官および上官の許可なく個人的に使用することは断じて許されない」[58]という要求事項を含んでいた。

国境における戦闘停止

日本軍は天皇の戦争終了に関する詔勅が公布された（1945年8月15日）後も南サハリンにおいて満洲の場合と同じく抗戦を止めなかった。それは進攻してきたソ連軍を樺太南部の諸港へ到達させまいと頑張っていたからである。それらの港からは時を同じくして住民の疎開が行われ、日本本土へ設備類と食糧が運び出されていたのだ。

8月16日、第79歩兵師団分隊が古屯防御要塞の主要な防御線へ進出し、その日の日暮れに向かう頃、準備砲撃と準備飛行の後、第165歩兵連隊は北からの同時的攻撃を行い、第79歩兵連隊が敵の後方へ回って行った積極的な作戦行動の結果、古屯防御要塞の主要な抵抗地帯はついに突破された。

日本の歩兵第125連隊は二つの孤立した部隊に分割されたが、戦闘を止めなかった。小林大佐の許に戦闘行動停止の命令が届いた8月18日の朝、大佐はようやく軍使団を結成した。第3大隊長小笠原裕少佐を団長とする軍使団は8月18日14時白旗を持って古屯へ向かった。

V.A.クリヴォグーゾフの回想から：

我が大隊の最前線に白旗を持った軍使が現れた。軍使には更に3人の士官が従っていた。大隊の司令官ザイツェフ大尉はこのことを連隊司令官クルマーノフ中佐に伝えた。中佐は軍使たちとの会見を準備し、日本軍司令部の代表者たちを師団参謀部へ案内するよう命じた。大隊の司令官はこの課題の遂行を私に委任した。ザイツェフ大尉は自動銃兵と軽機関銃および携帯式無線機を手配してくれた。私は軍使たちを出迎え、彼らを師団参謀部へ連れて行った。[59]

日本の軍使たちは第56歩兵師団参謀部が置かれている半田へ連れて行かれた。つい先ごろまで日本の国境警備隊駐屯地だった場所で小笠原少佐と陸軍少

将ディヤーコノフおよび陸軍少将アリーモフの会談が行われた。軍使たちはソ連軍に小林大佐の戦闘停止に関する告知を伝達した。

　ソ連側は無条件降伏を要求した。小笠原はこの要求を拒否しようと決意したが、それは自軍の損害を増大させると思い至り、自身の小隊に対し陣地へ集合し、16 時までに武器を引き渡すようにという命令を出した。[60]

　N.D. クルマーノフの回想から：

　　　包囲網を縮めていくことにはならなかった。第 79 歩兵師団司令官バトゥーロフ将軍が私に電話で戦闘停止を命じたのだ。いかなる形態の武器によるものであれ、すべての前線においての戦闘停止である。連隊はこの命令を基本的には遂行した。しかし、実際は敵軍とわが小隊間での単発的な銃撃が時々起こっていた。その後明らかになったことだが、日本側はわが軍の脆弱な部分を狙っていたという。[61]

日本軍の降伏戦術

　サハリンにおいて日本軍司令部は部隊の降伏戦術を「部隊ごとに」決めていた。時間的な引き延ばしを狙う戦術で、ドイツ軍司令部が 1945 年春ソヴェート軍に降伏した際利用した戦術と同じものである。戦闘行動停止と武器引き渡しに関する交渉を各部隊がそれぞれの場所で行う許可を与えることが「降伏」の第 1 段階となる。その結果として、古屯防御要塞地区においてだけでも軍使との交渉が 3 回も行われており、しかも日本側からはこれらの交渉に権限ある高位の士官は参加していないのであった。

　小笠原少佐が第 56 歩兵軍団参謀部にとどまっていた時を同じくして、日本側の資料によると、戦闘行動停止に関する交渉が「ソ連軍中佐」の参加を得て八方山地区[62]の小林大佐の参謀部で行われ、この交渉の過程で歩兵第 125 連隊の司令官は 8 月 19 日午前 10 時に武器の完全引き渡しの決定を行っているのだ。ソ連の軍使は大越大尉と通訳谷口上等兵を伴って報告のため半田へ向けて出発している。[63]

　上敷香連隊からは高島一正がこの次の軍使として任命された。[64] 恐らくまさにこの高島との会談が前線の新聞『トレヴォーガ』（警報）のかつての特派員だった A.N. ルイシコーフ[65]の回想録には叙述されたのだろう。ただし、回想録ではルイシコーフは日本の交渉相手の苗字を「トカシマ少尉」と記録している。

軍使たちによる交渉

　ルイシコーフが回想しているように会談は古屯の町から北へ3キロ離れた本通りと軍用道路が交差した、広い林道が開けたところで12時から始まった。この会談にはルイシコーフは『イズヴェスチィア』社の特派員 I.Z. オシポフ[66]と共に参加しているが、情景は次のように描写されている。

　「道路から右側にあるあまり大きくない草地の広場に立ち上げたテントの小屋が見える。その周りを約20台の重戦車が取り巻いている。そのテント小屋までは200メートルほどあるが、そこへの通路は自動銃兵が我々を阻んでいる…

　テントの中には十字に組んだ角材に板を載せて作ったテーブルに地勢、地形図の地図が重ねてあった。そこには第16軍を指揮するチェレミーソフ陸軍少将、ソ連邦英雄・第56歩兵軍団親衛隊指揮官ディヤーコノフ陸軍少将、第79歩兵師団指揮官バトゥーロフ陸軍少将が座っていた。

　決められていた時間きっかりに北の方角からジープ型小型乗用車（オープンカー "ヴィリス"）がやってきた。それには目隠しをされた二人の日本人が乗っていた。目隠しが外されると、二人は立ち上がって我々の居るテントのそばに来た。

　― 貴方の名前は？ここへ来た目的は何ですか？―話し合いを主導するディヤーコノフ少将が訊ねた。

　やせこけた日本人通訳は、おそらく位は軍曹らしいが、自分の連隊の名をあげ、長い間髭をそっておらず、顎鬚も頬鬚も蓄えているような太った年配の男を指さして言った。

―　第 125 連隊参謀部の命令を受けたトカシマ少尉が和平条件に付いてソ連軍司令部と話し合うために参りました。

―　なぜ参謀部は交渉のために特に少尉を派遣したのか、貴方方の隊にはもっと高位の士官はいないのかね？

―　他の士官たちは自分が死ぬことを恐れています。しかし、トカシマ少尉は大変勇気ある人間です。

　バトゥーロフ将軍が相手を疑わしそうに見ながら口をはさんだ。

―　あなた方は、赤軍が軍使に対しては常に人道的に応対していることを知るべきだ。あなた方の軍隊には決して言えないことだが。ところで、あなたは何を伝えたいのだ？

―　わが司令部は貴軍が占領した国境地帯に留まり、わが軍が南方へ退却できるよう要請しております。

　将軍の目には一瞬激昂の色が浮かんだが、すぐに自分を取り戻していった。

―　あなた方は前もって準備した位置まで退却したい、そして、再度わが軍と戦う、そして我々がもう一度戦って今いるこの陣地を取り戻せというのかね？そうは望めないよ！降伏という考えはどこから出たのだ？

―　天皇が指令で今後の抗戦は意味がない、無駄な犠牲をもたらすだけだと申しています。

―　天皇の指令は何時だったのだ？

―　8 月 14 日です。

―　それで、今日は何日かね？

―　今日は 18 日です。

―　なぜあなた方は 4 日間も無駄な抗戦を続けたのか？

―　ある意味でここでは通信がうまくいかなかったのです。

―　司令部に伝えなさい。私は南サハリンに配置されているあなた方全軍部隊の無条件降伏を要求する。もう一度言う、ここ、要塞地帯だけでなく、南サハリン全土においてだ。この場合、全兵士、全将校に生命は保障される。全員収容所に抑留されるが、将校には勲功章の保持は認められ、何らかの特権が付与される。もし今述べた条件が受け入れられないならば、私はあなた方へ向けて銃砲火の全威力を投入する。18 時まで熟慮する時間を与えよう。

通訳は震える手で自分のメモ帳に何か書いていたが、その後で将軍に説明を求めた。

― 中止！休憩を宣言する。君はすべてを取り違えている。条件は紙に書こう。休め！たばこを吸って良い、ほら、巻きたばこだ…

わが方の士官二人と若い女性が大きなタイプライターを持ってやってきた。テントの中のテーブルはふさがっていたので、女性はタイプライターを戦車の高く挙げられた砲身の下に置いた。ディヤーコノフ将軍はテントから出て日本軍司令部に提示する条件のテキストを口述させた。基本となる要求は無条件降伏である。その後、南サハリンにある全種交通機関、工場、施設はそのままの形で日本人が保全するように、運搬用および漁労用の全船舶はそのまま港に係留しておくべきことが述べられた。また、軍人の数と軍の配置について、地雷および鉄条網敷設地帯について書類に記載して提出するよう求められた。

「もっと他に付け加えることがありますかね、ジャーナリストの同志諸君」と将軍が声をかけた。

「鉄道と主要道路、また、特に橋梁の補修を求めるべきですね。それと、平和愛好の一般住民がそれぞれの土地に留まって自分の仕事を続けるようにさせるべきです。……」

軍使たちが自動車に乗ると、再び目隠しをされた。軍使たちと並んでわが軍のリトヴィノフ大尉[67]と通訳ズベズディンが座った。自動車は南の方向へ去っていった。敵軍の前線地区はここから10kmの地点にあった。」[68]

I.Z. オシポフ－クリチェフスキイも自著『サハリン・メモ』に同じくトカシマ少尉との交渉について述べているが、その中でトカシマが武器をソ連軍の前に置いた日本軍兵士を捕虜ではなく、抑留者と見なしてほしいという要望を伝えたことを記している。「いいでしょう、また、後で考えましょう。そのことは本質的なことではない。肝要なことは直ちに武器を置き、降伏することだ。」と司令部の長は答えた。[69]

この会談の結果についての日本軍司令部の反応はどうだったのだろうか？第5方面軍参謀部は、8月19日午前5時20分、帝国大本営に次のような報告を送った。

8月18日9時15分、気屯村において日本軍とソ連軍代表の停戦に関する会談が行われたが、ソ連側は次の条件を提起した。

捕虜たちと話している政治局員 M.M. ルシーノフ大佐

1.　戦闘ヲ停止シ白旗ヲ掲クヘシ

2.　武器ヲ捨テ、降伏スヘシ

3.　都市、港湾、鉄道、軍事施設、通信機関ノ他ヲ破壊スヘカラス、運送機関ハ総テ残置スヘシ

4.　在気屯ノ人命ニ関シテハ心配ニ及ハス[70]

　この会談の間、ソ連は威嚇するように気屯川左岸にずらりと戦車を並べ、戦闘機が低空飛行を繰り返していたと日本軍司令部は述べている。[71]

　半田および歩兵第 125 連隊司令部におけるソ連軍司令部との折衝によって、峯木中将はソ連軍がいかなる場合でも南部への進軍を続ける意図であることを理解した。そこで師団参謀部は上敷香以北の森林を焼き払うことでソ連軍の進攻を阻止することを決めた。森林火災は戦車の進軍をくい止めることが出来るだろう。この他に参謀部指令により中気屯の 241 高地附近の山中に気屯の飛行場から弾薬と食糧品を運び、さらにソ連軍戦車に対しては山岳砲による報復砲撃を開始し、兵舎と将校クラブに火を放った後、残っていた軍部隊の退路を掩護した。こうして守備隊の 400 名の兵士たちは村から退却していった。[72]

　会談で合意した条件について N.D. クルマーノフは回想している。

　敵軍は翌日の午前 5 時に投降しなければならなかった。しかし、敵側はこ

敗北の感情

の約束を遂行しなかった。誰一人投降して捕虜にならなかったのである。
将軍は私に電話してきた。"戦闘を開始しないように"と。敵軍は猶予を
求めてきたのだ。敵軍は1日のうちに全部隊に通告できなかったようであ
る。

　午前5時30分ごろ師団砲兵隊長コチェルギン中佐は口答命令で第1大
隊に属する1砲兵大隊を招集した。5時35分ごろ、砲兵隊の左翼から強
烈な砲撃が再開された。日本軍第125連隊の士官混成中隊がわが軍の包囲
網を突破して、包囲された軍団を脱出させるという任務を遂行したことが
分かった。敵の中隊の前にはウドヴィチェンコ中尉[73]指揮下のわが軍機
関銃小隊が立ちはだかって防戦を続け、英雄的に陣地を死守したのだ。こ
の小隊の大多数は、その中にはウドヴィチェンコ中尉もいたが、勇猛な戦
死を遂げたのであった。そして、この防戦によりわが軍は敵の退却を許さ
なかったのである。[74]
日本側からの砲撃戦も同様に制圧された。

自己を捕虜と認めない捕虜たち

8月19日午前、日本軍歩兵第125連隊の兵士と将校たちは投降を始めた。

第79歩兵師団第284砲兵連隊地形測量小隊指揮のL.M. ジョーミン上級中尉はその回想録で述べている。

　　カムフラージュされた銃眼のある塹壕から日本兵が出てきて、わが司令部が指示した戦時捕虜の集結地点へと長い行列をなしていた。そして古屯駅近くの原っぱに大きな群衆となって集まっていた。そばには日本兵が投げ出した小銃、携帯無線機、望遠鏡、薬包を入れた弾薬盒等が山となって積み上げてある。日本兵の中には負傷している者も大勢いて、皆汚れた軍服のままで、疲れ切っていて、冷ややかな、うつろな目で我々を眺めている。また、多くの者がテント地のレインコートにくるまってその場で草の上に横になっている。日本人捕虜はみんなの好奇心を誘った。つい先ほどまで彼らは狂信的に決死の戦いを挑んでいたのである。私は彼らの眼の中に悪意の名残や和解拒否の敵意を認めようとしたが、結局、うつろな無我の境地と荒み切った心の影を垣間見ることが出来ただけだった。いずれにしても投降して捕虜になった者の大部分は、心の中で彼らにとって戦争が終わったことを喜んでいるに違いない。崩れ落ちたセメントの下敷きになって、あるいはソ連の戦車のキャタピラーの下で死ぬよりは捕虜になった方が良いのではないだろうか？　連隊指揮官のネヒムチュークがやって来て、捕虜たちの群れをやはり好奇の目で眺めながら言った。

　「まあ、打たれ勇士たちというわけだ…」また、ちょっと考え込んでから言った。「だってなかなか手ごわい敵だったじゃないか。ずいぶん手こずったからね。よく訓練されているし、装備もしっかりしている、それに狂信的だ…日本人からこれらの資質をぬぐい去るのは無理だ。」(75)

　しかし事態はそれほど単純なものではなかった。第16軍団司令官L.G. チェレミーソフ陸軍少将は1945年8月19日付の暗号電報によりM.A. プルカーエフ将軍に歩兵第125連隊の指揮官コバヤシの挑発行為について報告している。

　　コバヤシは諜報機関の上司への上申で「自分は自分とわが連隊を捕虜とはみなさない、なぜなら大皇の命令はただ戦闘行動の停止のみを指示しているからだ」と言明している。さらに必要とあらば、わが連隊は英雄的な死をとげる覚悟であると脅迫している。トヨハラの第88師団司令官のもとにわが士官を派遣し、戦闘行動の停止と投降し捕虜となる命令を出す要請を行う許可を求める。(76)

同日、ハンダに駐屯していたディヤーコノフ陸軍少将は命令№0221「カラフト占領の方式について」に署名した。命令書は以下のように規定していた。

1. 日本軍側から軍事行動停止が行われるすべての地域においてソ連軍側の軍事行動も直ちに停止されるべきこと。
2. 捕虜になった場合であれ、収容所に収容されている場合であれ、降伏した日本軍部隊に対してはわが軍の全員が良い態度で接することを要求する。
3. 倉庫から押収したすべての物、および企業の施設、財産など、また備蓄した武器、食糧、家畜類は戦利品と見做し、直ちに登録して軍部隊の食料に利用すること。[77]

　陸軍少将 A.A. ディヤーコノフおよび第16軍団司令官・陸軍少将 L.G. チェレミーソフが日本軍軍使らと戦闘行動停止交渉を行おうとする試みは古屯防御要塞においてばかりでなく、カラフト全土において成功の実を上げることはできなかったのだ。戦争はまだ続いていた。

ヴァシレフスキー・秦会談

　1945年8月19日、ソ連軍極東参謀本部はチタに置かれていたが、8月20日から9月3日まではハバロフスクに移されていた。この期間は公式的なものではないが、満洲における戦略的攻撃作戦の過程を反映しているのである。8月19日に日本軍の降伏が始まり、既に極東第1戦線の戦闘行動は停止されていた。

　日本軍司令部が降伏せざるを得なくなったことに関しては、実は A.M. ヴァシレフスキーソ連邦元帥のもう一つの貢献があったといえる。この間の働きを見ると、彼が抜きんでた軍司令官であるばかりでなく、国家的な政治家でもあったことが浮かび上がってくるのである。

　1945年8月16日、日本の関東軍参謀部は極東ソ連軍司令部に対し全軍事作戦停止の用意があるという情報をラジオを通して伝達した。ソ連軍はこの情報との関連で自国軍の一時的進軍を停止することで応えた。

　ハバロフスクの「タス通信専門部」によってキャッチされたこのメッセージへの回答を A.M. ヴァシレフスキー総司令官は関東軍司令官山田乙三将軍へ無線電報によって送達した。A.M. ヴァシレフスキーはこの回答で、ラジオで受

A.M. ヴァシレフスキーソ連邦元帥（中央）及び K.A. メレツコフソ連邦元帥の秦中将との会談

理した関東軍の軍事行動停止に関する提案に対し「受信した提案において日本
軍は満洲における武装軍部隊の降伏については一言も述べていない。また同時
に日本軍はソ日戦線の一連の地域においてソ連軍に対する反撃に転じている」
と指摘した。そして A.M. ヴァシレフスキーは関東軍部隊司令官に対して「8
月 20 日 12 時 00 分からソ連軍部隊へのあらゆる軍事行動を全戦線において停
止し、武器を差し出し、投降して捕虜になること…日本軍が投降し始めた時点
で、ソ連軍は直ちに戦闘行動を停止する」と提案した。[78]

　A.M. ヴァシレフスキー元帥のこの要求は受理された。8 月 17 日、関東軍の
通信網を通して大部隊参謀部と守備隊に通信網を通して関東軍司令官の以下の
命令が伝達された。

　　戦闘行動を行っている関東軍全部隊は直ちに戦闘行動を停止し、ソ連軍に
　　降伏し、武器を差し出すことを命ずる。[79]

　この同じ日、ハルビンのソ連邦総領事館に関東軍参謀長・秦彦三郎陸軍少将が
出向き、極東ソ連軍最高司令官と日本軍降伏方式と降伏条件遂行の具体的問題
を審議するためソ連参謀部へ出頭する移動の仲介をお願いしたいと要請した。[80]

　秦彦三郎は 1930 年代日本参謀本部の第 2 諜報機関指導部で仕事をし、また
1934 年～36 年には在モスクワ日本大使館員を務めている。そのため彼はロシ
ア語が出来た。その後は軍部隊と参謀部で様々な部門の指導的責務をこなし、
1945 年 4 月には関東軍参謀長としての任務遂行に取り掛かったのである。8 月
18 日ソ連の特別機で秦陸軍少将は話し合いのためプリモーリエ地区ドゥホー
フスク村に置かれた極東軍第 1 戦線野外指令部に到着した。

　8 月 19 日、A.M. ヴァシレフスキー元帥が秦を接見し、関東軍部隊の降伏方

式を日本司令部の代表者に説明した。関東軍指揮官秦陸軍少将への伝達として総指揮官ヴァシレフスキーは1945年8月20日12：00時の日本軍部隊の戦闘行動停止に関するアピールを手渡した。[81]

秦陸軍少将はサハリンおよびクリール諸島の日本軍の戦闘行動停止問題に関し、極東ソ連軍司令部と天皇の詔勅との仲介者となるよう運命づけられていたのである。秦陸軍少将との会談の過程で極東ソ連軍総司令官は、クリール諸島を防衛している日本軍司令部にクリール諸島を占領しようとしているソ連軍への日本軍の戦闘は無意味なものであるという情報を伝達してくれるよう依頼した。秦将軍はこの問題に直ちに取り組むよう東京に伝えることを約束した。[82] この会談では同時に、カラフトにおける戦闘行動停止問題の解決についても日本の秦将軍の仲介を求める話題が取り上げられた。[83]

A.M. ヴァシレフスキー元帥は秦陸軍少将との会談の結果について、I.V. スターリンへの報告で最高総司令官（スターリン）の指示に従って「すべての関連においてこの指示に適うより好都合な諸条件が創り出されました」[84]と述べている。「秦将軍は私との会談を終るにあたって、降伏実施方式に関する私のすべての要求は直ちにまた確実に実行されることを保証すると述べ、さらに今回の我々の会談が日本とソ連邦の強固な友情の今後の担保となることを希望すると表明したのであります」[85]と報告している。

カラフト

8月19日17時30分、樺太の第88師団参謀部は第5方面軍から当面の指示を受け取った。

1. 方面軍司令部は敵軍との接触地域における休戦状態を保持することを命ずる。敵軍から受け入れ難い要求や行動があった場合は自軍防衛のために戦火を開く事は許される。
2. 樺太南部の防衛を強固にするため部隊を樺太北部へは移動させない。
3. 現地折衝のため師団より幕僚等正式軍使を古屯方面へ派遣すること。[86]

8月20日1時20分、峯木陸軍少将は軍参謀部から停戦交渉者派遣を急ぎ、敵の側から攻撃停止を勝ち取り、休戦協定を締結することを命ずるさらにもう1通の無線電報を送った。この無線電報では以下のように確認を行っている。

協定では戦闘行動の停止についてのみ話し合わなければならない。降伏に

ついての問題は論議しないこと。軍司令部の命令なしに武器を用いること
は未然に防ぐこと。敵の今後の攻撃は許してはならない。敵の攻撃があっ
た場合は、応戦すること[87]

これはまるで断末魔に似ていた。この同じ日に第 5 方面軍参謀部からは降伏
許可の知らせが届いたが、同時に捕虜になることは禁じるとしていた。一方、
関東軍参謀部からは樺太において日本軍による防衛の形での戦闘行動の継続が
あった場合、関東軍には大きな問題が生ずるだろうと連絡があった。これはソ
連軍司令部と約束したことであった…[88]

上敷香におけるソ連軍司令部との話合いのために峯木陸軍少将の決定により
師団参謀部長鈴木康生大佐が派遣された。

鈴木大佐

鈴木康生は子供のころから軍人になる夢を抱いていた。彼は 14 歳の時、陸
軍幼年学校に合格した。幼年学校卒業後も彼は更に陸軍大学校で継続して軍事
教育を受けた。1934 年鈴木康生は中国派遣軍（遠征隊）に加わり、「満洲国」
の状況を学んだ。また、1936 年からは参謀本部に入った。そこで幾度となく
ウラジオストク、モスクワ、ベルリンへ出張した。1939 年ハルヒン・ゴル（ノ
モンハン）の戦闘時には関東軍参謀部軍事測地部長を務めていた。1941 年〜
42 年には鈴木大佐はハルビン憲兵隊長の職務にあった。その後 1942 年 9 月に
は、樺太の混成歩兵旅団参謀長に赴任した。[89]

樺太旅団参謀長の地位にあった鈴木大佐が樺太において取り組んだ事業は軍
事建設を迅速、積極的に進めたことであった。鈴木は樺太の北部国境は防備が
脆弱だという意見を持っていた。1942 年〜43 年、彼が参加して古屯防御要塞
が計画され、構築されたのである。さらに 1943 年古屯に配備された歩兵第
125 連隊のために兵舎が建造された。初問には運送部隊の兵士のための兵舎と
軍用飛行場が建設された。

上記の建設作業は歩兵第 125 連隊と北海道から招集した学生たちの労働に
よって、ソ連邦との武装衝突を予防するため厳重な秘密体制と歩兵連隊参謀部
によって作成された規則のもとに遂行された。「想定される敵から秘密裏にしっ
かりした要塞を建造することが出来た」と鈴木大佐は自身の回想録で述べてい
る。[90]

空襲警報訓練実施における鈴木康生大佐（左から3人目）。右端は栗山松一敷香支庁長、1943年、敷香

　1945年8月、第88師団参謀長鈴木大佐は、今度はかつて彼の部隊が彼の指導の下に構築した防御要塞を突破したソ連軍司令部との会談の第2ラウンドを行うことになるのである。

　　　註　第1章（序言を含む）
　＊本書では日本語文献がロシア語に翻訳されて使用されているが、註の表記では翻訳されている日本語文献の名称が違っている場合は本来の日本語名とした。また、著者の引用頁と日本語原著の頁が合致しない場合は原著の頁に修正したが、抄訳の場合と概略に使われている場合はそのままの形で翻訳した。

1　Вишневский Н.В. Сахалин и Курильские острова в годы Второй мировой войны. Южно-Сахалинск, 2010. С.237. [N.V. ヴィシネフスキー『第2次世界大戦期におけるサハリン島とクリール諸島』、ユジノ・サハリンスク、2010、237頁.]

2　Сиракидзава А. Конец войны на Сахалине. Россия и островной мир Тихого океана. Выпуск 1. Южно-Сахалинск, 2009. С.195. [白木沢旭児「樺太における終戦」、『ロシアと太平洋島嶼世界』所収、ユジノ・サハリンスク、2009年、195頁.]

3　サハリン島は1867年～1875年にはロシアと日本の共有の領土だった。

4　Чехов А.П. Сочинения. Тома14-15. Из Сибири.Остров Сахалин 1890-1895. М., 1987. С.225. [A.P. チェーホフ『全集』第14～15巻「シベリアから，サハリン

島 1890-1895』モスクワ、1987 年、225 頁.]

5　Цит. по：Кутаков Л.Н. Россия и Япония. М., 1988. С.258.［L.N. クタコフ『ロシアと日本』、モスクワ、1988 年、258 頁の引用から。

6　Там же.

7　Там же.

8　Ци. по:Симонов К.М. Глазами человека моего поколения. М., 1989. С.427-428.［K.M. シーモノフ『私の世代が見たこと』、モスクワ、1989 年、427-428 頁.]

9　Василевский А.М. Дело всей жизни. М., 1988. С.241.［A.M. ヴァシレフスキー『わが生涯の大事業』、モスクワ、1988 年、241 頁.]

10　Штеменко С.М. Генеральный штаб в годы войны. М., 1989. С.234.［S.M. シチェメンコ『大戦期における参謀部』、モスクワ、1989 年、234 頁.]

11　Там же. 同上、237 頁

12　Василевский А.М. Дальневосточный стратегическая операция//Победа наДальнем Востоке. Хабаровск, 1985. С.80.［A.M. ヴァシレフスキー「極東の戦略的作戦」『極東における勝利』、ハバロフスク、1985 年、80 頁.]

13　Центральный архив Министерства обороны Россиской Федерации (ЦАМО РФ).：ロシア連邦防衛省中央文書館）Ф.491. Оп.11214. Д.29. Л.20.

14　ЦАМО РФ.：ロシア連邦防衛省中央文書館）Ф .491. О п .11214. Д .80. Л .27.

15　За Советскую Родину.『祖国ソヴェートのために』、1945 年、4 月 7 日.

16　56-й стрелковый корпус. 第 56 歩兵軍団

17　За Советскую Родину.『祖国ソヴェートのために』、1945 年 4 月 10 日.

18　Сердюк П.Т. Так было. Из опыта партийно-политической работы 79-й Сахалинской стрелковой дивизии по подготовке и обеспечению боёв за освобождение Южного Сахалина. Рукопись. Л.16, 17. Архив автора.［P.T. セルジューク「事実を語る：ユジノ・サハリンスク解放闘争を準備し、保障するサハリン第 79 歩兵師団における党の政治活動の経験から」、手記、L.16.17. 著者のアーカイブ。

19　За Советскую Родину.『祖国ソヴェートにために』、1945 年 5 月 1 日.

20　Сердюк П.Т. Так было. Рукопись. Л.22-23. Архив автора. 上掲セルジューク：L.22.23.

21　戦闘行動の最初の時期、突撃小隊は戦闘場所の地図を持っていなかった。第 16 軍地形測量部長の А.А. ココリン少佐は独力で白地図を準備し、それを参謀部と各部隊に配っていた。彼は赤星章を授与された。ОБД «Подвиг народа в Великой Отечественной войне 1941-1945 гг.［ОБД『1941-1945 年、大祖国戦争における国民の貢献』]

22　Государственный исторический архив Сахалинской области (ГИАСО).：国立サハリン州歴史文書館）Ф. 1100. Оп. 1. Д. 205. Л. 117-118.

23　Шмелёв Алексей Иванович：アレクセイ・I・シメリョフ（1905-1984）、ソ連軍幹部、陸軍大将、対独大祖国戦争における様々な地区での戦闘を指揮し、勝利に導いた。戦功に対し 1943 年と 1945 年、赤旗章、赤星章等叙勲されている。

24　Сердюк П.Т. Так было. 前掲、セルジューク、L21.-22.

25　この会話集を作成したのは L.A. マルコヴィチである。

26　Вахрушев Степан Михайлович：ステパン・M・ヴァフルーシェフは第 56 歩兵軍団の軍事通訳を務め、45 年 8 月 22 日のユジノサハリンスク作戦遂行の結果「戦功に対し」メダルを授与された。さらに優秀な軍使および捕虜尋問通訳、文書翻訳

に対して赤星章が授与された。

27 Гладышевский Н. От обороны к наступлению//Летопись героических дней. Южно-Сахалинск, 1969. С.26.[N. グラディシェーフスキー「防衛から攻撃へ」『英雄的日月の記録』、ユジノ・サハリンスク、1969 年、26 頁。]

28 За Советскую Родину. 『祖国ソヴェートのために』、1945 年 9 月 19 日。

29 1944 年 11 月 6 日、スターリンが演説で日本を侵略的国家と名指して以来。

30 前掲、『樺太終戦史』、209 頁

31 Там же、210 頁

32 Хаттори Такусиро. Япония в войне 1941-1945. СПб., 2000. С.730.［服部卓四郎『1941 年 -1945 年、戦争期の日本』、サンクト・ペテルブルク、2000 年 730 頁。]

33 前掲、『樺太終戦史』、210-211 頁

34 История дипломатии. Т. 4. Дипломатия в годы Второй мировой войны. М., 1975. С.721-722［『外交の歴史』、第 4 巻、「第 2 次世界大戦期の外交」、モスクワ、1975 年、721-722 頁。]

35 Гладышевский Н. От обороны к наступлению Летопись героических дней. Южно-Сахалинск, 1969. С.25.[前掲、N. グラウディシェーフスキー、25 頁。]

36 ЦАМО РФ. Ф. 491. Оп.11214. Д.29. Л.65.

37 ЦАМО РФ. Ф. 491. Оп.11214. Д.24. Л.6.

38 ЦАМО РФ. Ф. 491. Оп.11214. Д.29. Л.70.

39 Хандаса――Ханда. ハンダサは正しくはハンダ。Сердюк П. Т. Так было. Рукопись. Л.29.［前掲：Р. セルジューク、手記、L.29.]

40 ЦАМО РФ. Ф. 491. Оп.11214. Д.24. Л.10, 16.

41 Бок Зи Коу. Корейцы на Сахалине. Южео-Сахалинск, 1993. С.101-102.［ボク・ジ・コウ『サハリンの朝鮮人』、ユジノサハリンスク、1993 年、101-102 頁。]

42 ЦАМО РФ. Ф. 491. Оп.11214. Д.24. Л.16.

43 Там же.

44 ЦАСО РФ. Ф. 238. Оп.1584. Д.172. Л.8-9.

45 История Великой Отечественной войны. М., 1963. С.569.［『大祖国戦争の歴史』モスクワ、1963 年、569 頁。]

46 ДЗОТ は木材を用いた土塁のトーチカ。

47 ЦАМО РФ. Ф. 491. Оп.11214. Д.80. Л.54-55

48 Гельфонд Г.М. Советский флот в войне с Японией. М., 1958. С.111-112［G.M. ゲリフォント『対日戦におけるソヴェート艦隊』、モスクワ、1958 年、111-112 頁。]

49 Там же.

50 Курманов Н.Д. В направлении главного удара//Летпись героических дней. Южно-Сахалинск, 1969. С.75.[N.D. クルマーノフ「主攻撃へ向かって」『英雄的日月の記録』、ユジノサハリンスク、1969 年、75 頁。]

51 Кривогузов Виктор Андреевич、ヴィクトル・А・クリヴォグーゾフは古屯での戦闘隊形にあって勇敢に模範的、指導的役割をはたし、兵士たちの物質面への配慮、攻撃へ向かう精神的高揚へ導くなどの戦功により赤星章を授与された。ОБД『1941年-1945 年、大祖国戦争における国民の貢献』。

52 ГИАСО. Ф. П-4724. Оп.1. Д.40. Л.19-20.

53 Гельфонд Г.М. Советский флот в войне с Японией. М., 1958. С.113.[前掲、G.M. ゲリフォント『対日戦におけるソヴェート艦隊』、113 頁。]

54　«Вечер на рейде» 「錨地の夕べ」のサハリンでの替え歌。

55　ЦАМО РФ.Ф.491. Оп.11214. Д.24. Л.27.

56　この独立高射砲兵師団（221m）は戦後 1946 年-1950 年の間ポロナイスク地区ペルヴォマイスキー村に配属され、一般兵の無線技士任務に就いていたが、その後 O. ラヴレンチェフ伍長（1926-2011）に変わった。彼は後に数理物理学博士になり、スターリンに手紙を書き、水素爆弾製造理論を習得したと語り、その他兵器に関するさまざまな理論を展開した。

57　ГИАСО.Ф. П-4724. Оп.1 Д.40. Л.128.

58　ГИАСО. Ф.1038. Оп.1. Д.160. Л.78.

59　ГИАСО.Ф. П-4724. Оп.1. Д.40. Л.129.

60　前掲、『樺太終戦史』、391-392 頁。

61　Курманов Н.Д. В направлениии главноно удара. С.75-76.［前掲 N. クルマーノフ「主攻撃は向かって」、75-76 頁。］

62　P. セルジュークの回想にはこの時期歩兵第 125 連隊には第 165 歩兵連隊第 3 大隊副指揮官政治部員の L. カリーニン大尉がソ連司令部代表として第 79 歩兵師団司令部代表到着を待機していた。［前掲、P. セルジューク、「手記」、L.57.］

63　前掲、『樺太終戦史』、392 頁

64　同上、393 頁

65　Рыжков Алексей Николаевич（1908-1989）、［A. ルイシコーフ、サハリン郷土史家、ジャーナリスト、歴史家、教育者、1943 年-1946 年には赤軍部隊の新聞『トレヴォーガ』、『祖国ソヴェートのために』の編集部付きで執筆した。その後国立サハリン教育大学（現サハリン国立大学）の歴史学部の教官、学部長を務めた］

66　Осипов-Кричевский Иосиф Зиновьевич（1904-1975）.［I. オシポフ・クリチェフスキー、ソ連の作家、1945 年には新聞『イズヴェスチィア』の特派員。1920 年-1929 年、赤軍に在籍、その後ソ連・フィンランド戦争、大祖国戦争に従軍。サハリンの戦闘にも参加した。1939 年から 1945 年まで、戦功により数々のメダルを授与される。著書：『サハリン・ノート』、『野外での邂逅』、『遠きさすらいの旅の風』など。

67　Литвинов Павел Лаврентьевич,［P. リトヴィノフ：政治部通信第 695 独立大隊副司令官。大隊における党政治活動の優秀な組織力と司令部における特別重要な課題遂行の成功に対し、赤旗章を授与される。前掲、OBD『1941-1945 年、大祖国戦争における国民の貢献』、P. リトヴィノフの項。］

68　Рыжков А.Н. Бои за родные острова. Южно-Сахалинск, 1980. С.41-42［A.N. ルイシコーフ『母なる島々を守る戦い』、ユジノ・サハリンスク、1980 年、41-42 頁。］

69　Осипов И.З. Сахалинские записи. М., 1956. С.78.［I. オシポフ『サハリン-ノート』、モスクワ、1956 年、78 頁。］

70　前掲、『樺太終戦史』、393-394 頁

71　同上、394 頁

72　同上

73　Удовиченко Анаторий Петрович.［A. ウドヴィチェンコ、1919 年、ハルビン生まれ、1940 年から赤軍へ従軍。1945 年には第 79 歩兵師団第 165 歩兵連隊機関銃小隊長だった。戦闘開始時にはオノールに住んでいた。上敷香（現レオニードヴ）に葬られている。戦功に対する叙勲者名簿には記載がない。

74　Курманов Н.Д. В направленнии главного удара. С.76.［前掲、N. クルマーノ

フ「主攻撃へ向かって」、76 頁.〕

75　Дёмин Л.М. Сахалинские записи. М., 1983. С.202-203.〔前掲、L. ジョーミン『サハリン日記』、202-203 頁.〕

76　Руссий архив: Великая Отечественная. Совеиско-японская война 1945 года; история военно-политического противоборства двух держав в 30-40-е годы. Доку- менты и материалы.: В 2 т. Т. 18(7-2). М., 2000. С.22.〔ロシアの公文書『大祖国戦争、1945 年のソ日戦争：30 年-40 年代における 2 大強国の軍事的政治的敵対の歴史、文書と資料』、第 2 巻、第 18 巻(7-2)、モスクワ、2000 年、22 頁.〕

77　ГИАСО. Ф. 1038. Оп.1. Д.160. Л.81.

78　Русский архив：Там же.〔前掲、ロシアの公文書、50-51 頁.〕

79　Там же. 同上 51-52 頁

80　Там же. 同上 53 頁

81　Там же. 同上 61 頁

82　Там же. 同上

83　Там же. 同上 19 頁.　前掲、『樺太終戦史』、395 頁

84　Русский архив.〔前掲、ロシアの公文書、364 頁.〕

85　Там же.

86　前掲、『樺太終戦史』、394-395 頁

87　同上、395 頁

88　同上

89　鈴木康生『樺太防衛の思い出』、私家版、1988 年、454 頁

90　同上、70-80 頁

第2章
停戦会談の場所——知取——

機動部隊

　古屯防御要塞が依然として降伏しない状態にあって、極東第2戦線指揮官 M.A.プルカーエフ上級大将は、第16軍司令官 L.G.チェレミーソフ陸軍少将に対し8月18日にかけて編成された強力な機動部隊により「成功を利用・発展させるため」敵軍追撃を組織することを命じた。[1]

　極東キャンペーンの過程で、他の戦線においても同様の高度に機動力のある優秀な装備の部隊（グループ）が組織された。日本軍の抵抗は打ち破られたが、道路の状態が極度に悪いためソ連軍主力の迅速な進撃が妨げられていたからである。これらの機動部隊を主力軍からの極端な離脱を恐れずに利用することが推奨されたのである。[2]

　サハリンではこれらの機動部隊に対して気屯、敷香、内路の方向へ進攻する課題が与えられ、その後はさらに島の東海岸沿いに元泊、豊原への進攻を予定していた。[3] この敏速な移動に加わっていた兵士の回想によると、部隊は南部へとスピーディに突進して、最短の期間でカラフトの首都・豊原まで到達しなければならないとされた。そこで真岡と大泊の港湾都市への上陸部隊と合流し、カラフト師団の降伏を受け入れるのである。[4]

　機動部隊は主力軍団の南への前進のための援護部隊として参入した。このこととの関連で機動部隊の前には鉄道と特に橋梁、駅の破壊、そして機動部隊構成の分散を未然に防ぐという責務が負わされていた。鉄道に沿って前進しつつ、機動部隊は基本的施設の保全を保証し、数両であっても可動可能な輸送列車を編成するという任務があった。[5]

　以上の他に機動部隊は住民の居住地区を占領し、日本人が工業企業の実働設

南を目指して

備を運び出すことと彼らが首都へ疎開することを未然に防がなければならな
かった。(6)

　このように機動部隊に課せられた任務の大きさと難しさはほとんど遂行不可
能な範囲のものといえた。これらの任務は明らかに1945年8月10日のM.A.プ
ルカーエフの命令があらかじめ予想していた機動部隊強化の指示による当初の
人員を上回る構成の原因となっていた。

　この機動部隊の構成は以下のようになっていた・第214戦車旅団、第157
歩兵連隊2大隊(7)、第2独立歩兵旅団自動銃兵大隊、第43工兵大隊工兵連隊、
第284砲兵連隊2砲兵大隊、第79歩兵旅団対戦車殲滅旅団。師団参謀部と機
動部隊との通信確保には、各構成部隊に第695独立通信大隊の無線通信士と
無線電信手が配置されていた。(8) また、この部隊構成には第179歩兵連隊自動
銃兵中隊と第678独立戦車大隊の2中隊も入っていたという資料も認められ
る。

　この部隊を率いていたのは軍団の副司令官アリーモフ陸軍少将であった。彼
はこの攻撃作戦開始の少し前にブラゴヴェシチェンスクからサハリンへ到着し
ていた。大祖国戦争の期間にはブラゴヴェシチェンスクの防御要塞の司令官
だった。(9) 彼は南サハリンでの戦闘の最初の日から常に第79歩兵師団と共に
あった。(10)

アリーモフ将軍：「トヨハラまで行け！」

　ミハイル・ヴァシリエヴィチ・アリーモフは1917年に初めて軍服を着た。最初は兵卒として、その後はドン・コサック連隊の小隊指揮官としてツァリーツィン防衛戦に、さらにソヴェート・ポーランド戦線の戦闘に参加している。1920年8月にはヴランゲリ将軍のクバン上陸部隊壊滅戦に加わったが、戦闘で重傷を負っている。

　1924年～1926年には労農赤軍レニングラード高等騎兵学校を卒業して「知識」を身に着け、建国されたばかりのモンゴル人民共和国においてインタナショナルな責務を遂行した。ウランバートル・ホト市のモンゴル人民軍連合学校において教練砲兵大隊の指導官を務めたが、モンゴルの軍事専門家を育成した人物の一人といえよう。

　1926年モンゴル出張から戻ると、M.V.アリーモフは第5独立国境砲兵大隊の指導官を1年間勤め、その後はモスクワ軍管区の騎兵部隊勤務を続けた。1931年10月、第61騎兵連隊スターリン同志名称第1独立騎兵旅団長の職責に任命された。

　1930年代は機甲部隊が激烈な発展を経験した時期であった。機械化された部隊が赤軍の騎兵軍団と各兵科共通の兵団に現れた。初めて機甲兵団、機械化された旅団が創設されたのである。

　M.V.アリーモフもこのような新導入の流れの過程で鍛えられた。1932年レニングラード機甲コースの資格向上指揮官部門を卒業すると、極東での軍務を続け、1934年7月には第32歩兵師団（司令官はN.I.ベルザーリン大佐）独立戦車大隊指揮官の職務に任命された。ソ連邦2度の英雄・戦車軍団大将D.A.ドラグンスキー（当時は戦車小隊指揮官）はその回想録でアリーモフ大隊長の思い出を述べている。

　　私の上官たちがもし関わってくれなかったら、その後の私の運命がどうなっていたか分からない。若い指揮官たち（その中に私も含まれていたが）を注意して眺めながら、上官たちはすぐに私の弱点に気づいた。

M.V.アリーモフ陸軍少将
（国防省文書館の写真）

上官とは基本的には大隊司令官 M.V. アリーモフ少佐、大隊政治将校 IY.I. エフィーモフおよび党組織部書記スースロフであった。彼らの指導は明らかに成果があったのだ。1年後に私は既に戦車中隊を指揮していたし、極東で初めて水中を通って渡河に成功した遠征隊の一人となったのである。これは 1938 年 6 月 13 日のことであった。わが第 32 歩兵師団の全員が見つめる中、私の戦車は 2 本の排水管を装備し、鉛丹とグリースを塗り込めて激しい流れの綏芬河（スイフン河、ラズドーリナヤ川）に入った。そして 15 分間水中に留まった後、対岸に上がったのである。その時私は初めて表彰されたのだった。師団指揮官ニコライ・ベルザーリン少佐は遠征隊員を部隊の名において表彰したのである[11]

　アリーモフ少佐指揮下の独立戦車大隊は 1938 年 7 月、ハサン湖地区（張鼓峰）における日本軍との戦闘において軍事的試練を経験した。この戦闘はソ連機甲軍団が敵と衝突した最初の戦いだった。

　ドラグンスキー大将は大祖国戦争の時期にクールスクの戦いに参加しているが、第 55 近衛戦車旅団の先頭に立ってドニエプル川を強行突破して、ポーランドのファシスト軍団を撃滅してベルリンの南西部郊外の集落、ベルリン市中心部へと導くツェレンドルフォムを占領したのである。ベルリン占領の後、ドラグンスキー旅団はプラハ救済作戦に加わった。勝利のパレードで 2 度のソ連邦英雄 D.A. ドラグンスキーは第 1 ウクライナ方面軍混成連隊から成る戦車兵大隊を率いて行進した。

　また、陸軍大将ベルザーリンは軍団を率いて大戦の全戦闘で英雄的に戦ったが、なかでもヒトラーの参謀本部のあったベルリン中央部の強襲を、第 5 突撃部隊を指揮して行い、成功裡に占領したのである。この功績と彼の軍司令官としての抜きんでた個人的資質に対しソ連邦英雄の称号が与えられ、1945 年 4 月 24 日、彼はベルリン・ソヴェート守備隊の最初の軍司令官および守備隊長官に任命された。

　この時期作家フセヴァロート・ヴィシネフスキーは日記に以下のようなメモを残している。

　　ドイツ突撃部隊指揮官ベルザーリン陸軍大将は（ベルリン）市軍司令官に任命された。彼はわが赤軍における最も教養ある将軍の一人である。彼にはけた外れの才能がある[12]

　1945 年 5 月にはベルザーリン将軍、ドラグンスキー将軍その他多くのハサ

ン事変のアリーモフの同僚たちがベルリンまで行ったのである。そして今、1945 年 8 月、アリーモフ将軍には日本のカラフトの首都、トヨハラ市まで進軍するという課題が差し迫っていた。

上敷香：停戦交渉によりソ連軍滞留

　機動部隊の進軍は 8 月 19 日に開始された。日本軍の抗戦に遭わずに部隊は迅速に南へ向かって進軍を続けた。とはいえ、望んでいたように迅速にとは言えなかった。日本軍は退却の際橋梁を破壊し、地雷を敷設して行った。道路の破損個所を横に溝を掘って補修しなければならなかったからだ。[13]

　「ほとんどすべての橋が破壊されているか、地雷が敷かれていた。」L.M. ジョーミンは述べている。

　　　壊された鉄とセメントの橋げたが水につかっていた。縦隊は幅広い急流の断崖や渦巻きの岸辺で停止させられたのだ。その都度渡河可能な浅瀬を探すのである。大砲、曲射砲弾薬を積んだ連結車をたいへんな難儀の末、南岸へ引き渡すのである。[14]

　道路にも地雷が敷かれていた。日本軍が南サハリン（カラフト）において軍事行動を行う過程において遠距離操作で地雷を操作していたかどうかについて著者は資料を持ち合わせていないが、その代わり日本の狙撃兵がソ連の将校に照準を当てていたということは良く知られている。そのこととの関連で明らかな例がある。機動部隊縦隊車列の携帯無線機を積んだ参謀部の車が連続的爆発で爆破されている。その車に乗っていた第 255 混成航空師団指揮官 V.G. ヴァシリエフ大佐が重傷を負ったのだ。[15]

　この頃までには一般住民はその大部分が国境線沿いの居住地を脱出していた。まだ残っていた人々はソ連軍戦車縦隊が近づいてくると、森へ逃げ込んでしまった。

　L.M. ジョーミンの回想録から。

　　　住民のいた村々は空っぽだった。家々には慌てて逃げた後が残っていた。例えば食べ物が残ったままの皿が投げ出されていたなど。そして、我々にとって特に驚くべき事例が見つかった。日本人は運命のいたずらによって見捨てられた馬にまで地雷を取り付けていたのだ！わが工兵たちが、馬のたてがみに巧妙に隠されている小さな赤い箱に入れられた"びっくりミニ

チュア地雷"を発見したのである。カミシスカは最近まで大きな町だった。ここには守備大隊が駐屯していた。今では陰鬱な焼け跡の死の町と化していた。住宅地区のあちこちに黒い燃えかすが散乱していた。(16)

これまで樺太師団の参謀部が置かれていた上敷香で、ソ連軍は次にやって来た日本軍停戦交渉団と会った。日本側の資料によると8月19日午前4時30分、上敷香でソ連軍代表と筑紫少佐が会談を行ったが、この会談は不調に終わった。(17)

それにもかかわらず、機動部隊は上敷香に24時間進軍を止められていた。これはおそらく第88師団参謀長鈴木大佐が交渉を行うため到着したことと関連しているのだろう。

鈴木はトラック2台に機関銃、無線各1個分隊を乗せ、平島大尉以下を同行して上敷香に到着した。日本側の資料では、会談は8月20日午前9時に旧師団司令部の建物で始まった。日本の軍使たちと会ったのはソ連軍前衛隊指揮官のソ連大佐だった。会談には日本側は参謀長鈴木と共に師団参謀部士官岩井少尉が参加した。

鈴木はソ連軍の南部への進攻を停止するよう要求したが、これに対してソ連の大佐は、我々は大泊まで進軍する命令を受けていると答えた。「わが司令部はあなた方のいかなる条件も受け入れない。」ソ連士官は強調した。これに対して、日本側は「もしソ連軍が進攻するなら、日本軍は防衛する。道路と橋梁を破壊する…」と答えた。ソ連の大佐はその場で立ち上がって言った。日本は降伏したのだ。国際法によって今や日本は抗戦する権利はない。だからソ連軍は大泊まで南部へと進軍する。

力を示したのは進攻する軍の側にあった。日本の軍使の頑迷さは無意味だった。しかもこの会談が行われている間にもソ連の上陸部隊が南サハリン（カラフト）西海岸の真岡に上陸していた。真岡から樺太の首都までは100キロメートルもなかった。

激しい議論が約3時間続いた。しかし、両者の間には結論としての合意も協定も得られなかった。結局、トラックに乗るよう促されて、日本の軍使一行は内路へと帰って行った。会談が行われていた間、この旧日本参謀部の建物は、エンジンをかけた21台のソ連軍戦車に取り巻かれていた。すべて戦闘態勢にあったのだ。(18)

進　軍

　陸軍少将アリーモフの機動部隊の掩護のもと８月19日、第56歩兵軍団の主要部隊は南部方面への進軍を開始した。軍司令部は従軍者すべての者に高度の自覚を持ち、軍構成員であることを個々人が厳格に考慮して前進するよう呼びかけた。進軍の途上では小さな板に様々なスローガンを書いたプラカードを掲げてアピールした。「日本のスパイに用心せよ！」、「司令官の許可なく一歩も進むな！」、「検査なしにいかなる食物も口にするな！」、「警戒心を堅持せよ！」、「武器は常に発射できる状態に！」などなど。[19]

　アジテーターはフォトルポルタージュを利用した。そこにはドイツ戦線での経験が生かされ、ソ連が占領した地帯でカムフラージュした敵の陰謀の事例が書かれていた。サハリンでもあちこちの駅で隠蔽された日本軍の大砲、小銃、火薬等が摘発された事例が示され、兵士たちの警戒心を呼び起こした。

　軍隊内で行われるアジテーション・プロパガンダ行動の内容が変わってきた。今では以下のようになった。

1. 極東の軍人に委ねられた名誉あるミッションとは、わが国東部国境の安全を保障すること、日本軍国主義のくびきから固有の領土を解放すること、また、第２次世界大戦の第２の火元を粉砕し、第２次大戦の期間を短縮させること。
2. ハンダサ川の戦闘および敵のハラミ（幌見）防御要塞突撃の際のわが部隊の兵士たちの献身と英雄的行為を広めること。
3. 手本とすべき軍人宣誓を遂行し、警戒心を強めること。進軍過程における隙のない態度、規律性、組織的行動など兵士たちに、熟知させ、実行させること。
4. その土地の一般住民と軍関係者の相互関係について、赤軍兵士の持つべき品位について説明し、略奪、おしゃべり、泥酔、油断との闘いについて徹底する。[20]

第165歩兵連隊第３大隊副指揮官 L.カリーニン大尉は思い出を語っている。

　わが軍が奪還した領土で進軍を開始するにあたりわが党のアクチヴ（積極分子）の会議で、日本人住民の中で我々がどう行動すべきかを議論した。この問題については兵士たちともいろいろな話し合いを行った。[21]

日本人住民

日本人住民は樺太庁長官大津敏男の指令により北部地区を脱出した。女性と子供たちは汽車で避難したが、男たちは徒歩で南へ向かった。南部への途上で道に迷った避難民の中には安別や古屯などの守備隊の軍人も多かった。彼らは軍服を脱いで近くの湾岸まで行き、そこからスクーナーでこっそり北海道へ逃げようとしていた。[22]

8月20日午前4時、「全員緊急疎開」開始後もまだ敷香に残っていた住民に空襲警報が鳴り響いた。直ちに町を離れるようにという指令が出た。この緊急避難を指揮していたのは、敷香支庁長の栗山松一と町長の松尾幸次だった。「ロシアが樺太を占領した！日本人は日本へ帰らなければならない！」住民はパニックとなり、敷香から知取方面へと脱出した。「運が良かった」人たちは、無蓋車に乗って知取までたどり着いた。一昼夜のうちに約7000人の住民が町を脱出した。[23]

人々の間では、口伝えにロシアの兵士たちは反抗する日本人は男も女も子どもたちでさえ殺すという噂が広がっていた。消防団の抗議にもかかわらず、北山少佐の命令により日本軍兵士が町の5か所に火をつけた。最初はまず敷香支庁舎の建物が、その後町役場、郡警察署、郵便電信電話局、製紙工場クラブの建物が燃えていった。午前11時には火事は町全体に広がっていたが、だれも

樺太の避難民

それを消し止めるものはいなかった。というのも、警察署員たちが消防自動車に乗って知取へ出て行ったからである。

　敷香から南の村落では住民はそのままその地に留まっていた。しかし、ソ連航空隊はますます激しく、地上軍進軍の先手を打つように鉄道沿線の村落への爆撃を行った。まず犠牲になったのは、住民だった。

　「爆撃機が毎日私たちの村の上に飛んできた。」その頃柵丹村（現在のゴールヌイ村）に住んでいた佐藤リツコは思い出を語っている。

　　そして毎日誰かしらの死者が出ていた。母親がおんぶしていた子供たちが死んだことがあったの。弾丸に当たらないように私たち女は何か覆いのある場所に駆け込んだ。子供たちは自分の身体で覆い隠した。攻撃があった後、ある女の人がしばらくの間死んだ子供をおんぶしたままで、おっぱいを飲ませる時間になって死んだことに気づいた事があった。[24]

内　路(1)

　軍事都市内路は古屯防御要塞の次に北部から赤軍が進攻してくる国境地区第2の防衛線にあった。後に捕虜たちの証言が示しているように、内路防御要塞は2つの防御地帯からできていた。[25]ここは8月10日、軍事行動開始後古屯防御要塞強化のため移動してきた歩兵第125連隊第3大隊が配置された場所

軍事拠点の内路町

だった。この時、第3大隊がいた場所には、塩沢大尉指揮下の歩兵第306連隊第3大隊が配置替えとなった、しかし、防御要塞を発見できず、さらに西側の内路―恵須取道路の尾根に防衛布陣を敷いた。[26]

　8月20日にかけて内路に集結した日本軍小隊は進攻してきたソ連軍に重大な障害を与えることができたはずだった。この軍事都市内路に到着した鈴木大佐は、内路川にかかる長さ70メートルの橋の爆破命令を出したいと思い、師団参謀部の指示を得ようと連絡を試みていた。しかし、通信は断ち切られていたのだ。そこで鈴木は、彼の回想録によると、膨大な避難民の列を眺めると内路での戦闘命令を止めて、知取へ向かったという。[27]

　やがてソ連軍第56歩兵連隊機動部隊は内路を占領した。

　「内路はチェルペニエ湾（多来加）岸にあり、我々が日本人住民に会った最初の町だった。」L.M.ジョーミンは思い出を語っている。

　　我々は人っ子一人いない通りを進んでいった。家々の窓からは人々が恐怖と好奇心から顔を出していた。大部分は子どもたちだった。我々は隊伍を組んで威勢よく歌を歌いながら進んで行き、日本人に対して愛想よく手を振った。子供たちは次第に勇敢になって、家から飛び出してわれわれ軍人の方へ走り寄ってきた。兵士たちは子供たちに戦利品の乾パンを配り始めた。何人かの小さい子供たちは、幸運にも馬に乗せてもらって、騎兵と一緒に2〜3丁行進した。子供たちに続いて大人も通りへ出てきた。彼ら

村落に入場する機動部隊

はソ連兵士たちを好奇の目で眺めていたが、以前の恐怖心は消えていた。我々は休止のため町はずれに陣取った。すると、移動調理車のそばに子供たちの群れが現れた。調理係の女性は気前よく子供たちにスープとバター入りのカーシャをふるまった。大人もやって来た。われわれは『日ロ会話集』を利用して話をしようとした。(28) しかし、単語が全く足りなかった。若い日本人たちは鉛筆と手帳を持ってきて、我々に自分たちであれこれの物を指して、ロシア語で言ってもらって、答えが分かると一生懸命手帳に書き込むのだった。(29)

　内路への進軍途上で、戦車上陸部隊がある橋を通行中さらに一つの悲劇が起こった。橋は先頭の戦車 T-34 の重量を持ち堪えられなかったのだ。この戦車の装甲板には第 2 独立歩兵旅団独立自動銃兵大隊制御分隊指揮官 A.I. ヴォロジャーニン軍曹が乗っていたが、橋が崩れ落ちて A.I. ヴォロジャーニンは命を落とす直撃を受けたのだった…(30)

　サハリン東海岸にある内路の次に人口の多い居住地区は、陸軍少将アリーモフの機甲機動小隊が踏破しようとしていた知取の町だった。ソ連軍の案内書『サハリン』はこのカラフトの居住地区について簡単な情報を記している。シリトルの港は島の東海岸に位置し、軍用物資と食糧の移入と石炭、材木、製紙工場の製品の搬出を行っている。(31) シリトルから始まってそれ以南の地域では、我々は火災を免れた村々に出会った。(32)

知　取 (1)

　知取の町は、同じ名前の風光明媚な水量たっぷりのシリトル川の河口に広がっていた。この町の地名の由来と意味についてはいくつかの異説があるが、その基礎となっているのは、学者の説によるとアイヌ語の「シル・ウトゥルゥ」である。アイヌ語の地名辞典によると、この言葉は「山々の間の村」(33)を意味するが、この場所の起伏の地形に立脚すると、実際の様子と合致する。

　『南樺太』という案内書はこの言葉にさらにもう一つの意味を与えている。すなわち、「村々の間の土地」(34)である。これは偶然ではない。シルトゥルゥ（シリトゥルゥ）川、後には同じ名の村は、島の中央部と南部の間の最も通行困難な中間部にあったので、旅人たちにとって独特の灯台となって役立っていたのである。

知取町（日本の絵葉書）

　1890 年代の初めには、シルトゥルゥ川河口は流刑植民者の居住地となった。また、その後 1892 年頃にはここに電信局が開設された。サハリン島長官・陸軍少将コノヴィチは新しく設立された村の名前を選ぶ際、「存在する異民族の言語による名称」[35] の利用に関する命令を守るために、先住民による名称に近い音である「セリュトラ」と命名した。この村は有望だとみなされていて、ロシア人の 5 ～ 6 家族も住んでいた。彼らは農業と狩猟で生計を立てていた。海岸にはアイヌの小さな村があったが、彼らは伝統的に漁業を営んでいた。

　1904 年～ 1905 年の日露戦争の結果日本領となった南サハリンでは、住民の生活は大きく変わった。島の南部に住んでいた人々に最も大きな影響を及ぼした。日本人は南サハリンの東海岸に戦前と同様盛漁期だけやってきた。しかし、1909 年知取に郵便局が開設されると、この町は敷香と栄浜間の交通の要所となり、移住者が増加した。[36] 知取地区の住人は、夏場は主として漁業を行い、冬は狩猟に従事した。その他、海岸線に沿って様々な方面へ向けて川崎船タイプの船、または犬ぞりによって物資の輸送が行われていた。

　1909 年、当時の樺太庁長官永井金次郎によって行われた積極的な農業政策の枠内で知取低地（知取沢）が 10 家族に区分け、分割された。このことが周辺地区のこの時期からの農地開発の出発点となり、知取地域は二つの地区、居住区（将来の町区）と農業区に分かれていった。この同じ年、知取は東知取と改名され、「村」として認定された。

知取の製紙工場

　この地区における農業の発展は非常な困難を伴うものだった。1923年、東知取には450名（88戸）が住んでいたが、人々は主として商業、林業、漁業に従事していた。[37] 1916年、知取に隣接する保恵（現在のプガチョーヴォ）で炭鉱の採掘が始まった。この炭鉱の採掘権を得たのは事業家塚越だった。1920年、この炭鉱の経営は株式会社「登帆炭鉱株式会社」に移った。ここで採掘された石炭は主として落合の町にあった製紙工場の燃料として使用された。[38]

　やがて知取は別の新しい将来展望を待ち望んでいることが明らかになった。以前1916年頃、この土地を「日本化学紙料」会社が調査したことがあったが、この会社の親会社が落合にあった。この親会社が樺太における製紙工場の次の新しい工場建設の地として知取を選んだのである。このことが知取の将来を決定づけたと言える。

　工場建設は「富士製紙株式会社」によって（この会社はその後「王子製紙株式会社」と合併した）1923年に始まり、1926年12月まで行われた。1925年、まだ建設中だった工場を敷香訪問の途上皇太子裕仁が訪問した。この特筆すべき事実について、工場の藤原所長は多くの工場訪問者に好んで皇太子が訪れたことを自慢したという。[39]

　セルロース・パルプ工場「王子製紙株式会社」は、1927年1月から製品の生産を開始した。その時から360尺（約109.1メートル）の煙突からは昼夜を分かたず休むことなく煙が吐き出された。工場は大規模な生産体制と当時の最先

端技術による設備の導入によって国内の他の工場だけでなく、ドイツ、スイス、アメリカの製紙工場を凌ぐものだった。[40] 基本的な製品の品目は段ボール、人造紙、パルプだった。製品の品質は常に優れたものであった。有名な「朝日新聞」はこの工場の紙を使っていた。[41]

　製紙工場は知取河口に位置しており、この川を下って工場で加工される材木が浮送された。工場の近くには、事実上工場に接続する形で炭鉱があり、この炭鉱の採掘権は同じく1920年に事業家塚越から「登帆（ノボリッポ）炭鉱株式会社」が獲得していた。1924年からこの炭鉱の石炭は製紙工場の燃料供給のために採掘された。[42] 生産に使用される必須の天然資源がこのように隣接して存在している点から、知取の製紙工場は日本における同じ分野の工場群のモデルと見なされていた。

　1927年、株式会社「樺太鉄道」によって落合と知取間に鉄道が開通した。その結果、知取駅は日本で最北端の鉄道駅となった。[43] このような変化によって町の概観が形作られ、人々の生活にとって町は魅力的なものとなっていった。知取の急激な工業発展は、町に人口の増大をもたらした。1936年には、町の人口は既に15,735人となった。[44]

　第二次世界大戦（長期化する日中間の「紛争」と太平洋戦争を含む）は、樺太住民の生活に暗い影を落としていた。これらの戦争の結果として最初の時期には、樺太庁全体の経済の全分野において、特に石炭、林業、鉱山業、また加工業等において急激な発展が始まった。

　このこととの関連で極度の労働力不足が起こったため、朝鮮から若い労働者の樺太への強制的な導入が決定した。この時樺太庁行政府は「植民地を兵站基地に！」というスローガンを提起したが、これは樺太における農産物（食糧）自給体制を意味していたことは自明のことであった。この時期の施策は樺太経済の発展、特に工業の加工面に現れた。南サハリンにある9つの紙パルプ工場は、これには知取工場も含まれるが、1944年では日本全体で生産される紙パルプの70％を生産していたのであった。[45]

　膨大な損害をもたらした戦争末期の様々な出来事は、生産の減少へと導いたが、それは日本の貿易と輸送船団に甚大な影響を及ぼした。日本の物資供給が行われていた海上交通網の大部分はアメリカの潜水艦がコントロールしていた。[46] そこで、日本の支配層は、たとえば、樺太からの石炭搬出を著しく縮小し、石炭を中国北部（満洲）から搬入する決定を下した。[47]

アメリカの"潜水艦バーブ"

アメリカ軍攻撃目標
No.971 の知取製紙工場

潜水艦"バーブ"の知取攻撃に
関する日誌の記録

　厳しい経済統制が行われ、敷香とその管内も統制を逃れることは出来なかった。また、管内の知取の町も例外ではなかった。しかし、樺太庁は樺太をアメリカ空軍の爆撃機は到達しない全体として平和な場所とみなしていた。

　樺太のかつての住人チョイ・サン・ギュの思い出から。

　　私は知取の町に住んでいました。……戦争の進行状況については、町内
　　会の役員が特別な広告板にいろいろ書いて決まった場所に掲げていまし
　　た。その他、口頭で伝える方法もあって、必ず"隣から隣へ"伝えなけ
　　ればなりませんでした。住民にはそれぞれの家に爆弾避難所（何かで覆っ
　　た防空壕）を作るよう指示されていました。万一、アメリカの爆撃があっ
　　た場合は干し草や枯れ枝などの山を燃やして煙の幕を作るよう命じられて
　　いました。山の急な斜面に集団用の防空壕も作られていました。[48]

　知取の住民が戦争が直接自分の家に迫ってきているのを感じたのは、1945
年7月24日の真夜中に近い時間だった。この時、町にロケット弾が撃ち込ま
れたのである。アメリカの潜水艦 USS-220「バーブ」が海岸から4キロ離れ
た地点から3回の射撃で127ミリのロケット弾32発を町へ向けて発射したの
だ。アメリカのハンターたち（彼らはその時自らをそう名付けていた）の主要な

標的は、紙パルプ生産の「王子製紙工場」だった。この工場は日本の戦略的対象物としてリストに載っており、日本経済に損失をもたらすため戦闘行動の過程で破壊すべき対象だったのだ。知取へ接近したとき、USS-220の指揮官ユージン・フラッキーは煙を噴き出している工場の煙突で弾丸射撃の方向を確認したのであった。[49]

退去していく潜水艦の船上からは炎が勢いよく燃え上がり、夜空を照らすのが見えた。この夜樫保（ザオジョルナヤ）の村にも12発のロケット弾が撃ち込まれた。

日本軍司令部の見解では、1945年8月の知取町地区においてソ連軍の進攻を阻止することが可能だったとしている。100メートル幅の川にかかった橋を爆破することは容易だったのだ。地元の守備隊は戦闘能力があり、200名もいたからである。

「ソ連軍の進軍を認めると、日本人住民はパニックになった。」チョイ・サン・ギュは思い出を語っている。「一方、朝鮮人は意見が分かれた。大多数の人はこのニュースを肯定的に受け止めたのだ。しかし、少数だが、不安を感じて日本人が広めた"ロシア人は狂暴だ"という嘘のうわさに不安がっていた。」[50]

8月21日、鈴木大佐の知取到着とともに駐屯していた砲兵分隊を町の北部へ移動させ、そこで砲兵陣地の設置が始められた。砲兵たちはソ連軍戦車を知取川の地点で阻止する準備を整えた。川にかかる二つの橋に地雷が敷かれたのである。この間、平和な住民に犠牲者が出ることに考えを巡らせていた鈴木大佐は、平島大尉に鉄道を使って北部へ出掛けてソ連軍前衛部隊に「知取で交渉を行うため招請したい」と伝えるよう命令した。平島大尉は指示された命令を遂行した。そこで、知取ではソ連軍交渉団の到着を迎える体制を取った。[51] 一方、鈴木大佐は師団司令官峯木がソ連軍を迎えに北へ向かって出発したという知らせを受け、元泊（ヴァストーチノエ）で峯木を迎えることになった。

陸軍中将峯木の命令

8月21日、方面軍参謀部から軍事行動停止に関する交渉遂行の許可を得た第88師団司令官峯木陸軍少将は鉄道により北部へ向け出発した。その頃熊笹峠（ホルムスク峠）と鉄道の二股（チャプラーノヴォ）駅地区で激烈な戦闘が行われていたが、そこへ日本軍は真岡から退却してきた。同時にソ連空軍機は落合

と逢坂の町（ドーリンスクとピャチレーチエ）周辺の対象物の爆撃を行っていた。

　当時多くの人々は、ソ連軍司令部は和平交渉には応じないだろうと考えていた。というのは、師団司令官と樺太庁長官が直接和平交渉に出かけて行かず、ロシアとの会談に単なる代理を派遣していたからである。そこで、ソ連軍司令部は彼らを正式の代表と認めず、いかなる提案をも拒否していたのである。

　しかし、峯木陸将は元泊に到着すると変化している状況に鑑みて停戦交渉のため鈴木大佐を知取に派遣することを決定した。鈴木師団参謀長と共に知取へ派遣されたのは、樺太庁警察部長尾形半（雅邦）であった。[52] 知取はソ連軍団の町への進軍に備えていた。地元炭鉱の坑道には爆薬が仕掛けられ、北方への鉄道線路には無蓋車を連結した蒸気機関車を連結してあった。[53]

ヴァシレフスキー元帥の指令書

　1945 年 8 月 21 日、ソ連軍司令部の要求を遂行すべく日本軍第 91 師団の堤不夾貴陸軍少将は、クリール諸島北部に配置されている日本軍の降伏文書に署名した。同日、堤は師団分隊に対し戦闘を完全に停止するよう命じた。

　このように極東ソ連軍に対する戦闘行動停止命令は、樺太の第 88 師団以外にはすべての日本軍部隊に伝達されたのである。しかし、樺太師団は熊笹峠で戦闘を続けており、ソ連の戦車縦隊が近づいてきていた知取地区では戦闘態勢になっていたのだ。

　このような状況となった原因の一つは、第 5 方面軍参謀部が特に真岡占領後はソ連軍がサハリン南部から北海道に上陸作戦を行うだろうと危惧していたことがある。

　よく知られているように、突然策定された北海道進攻作戦は存在したのである。1945 年 8 月 21 日午前 1 時 15 分、極東方面軍、太平洋艦隊および太平洋航空隊司令官に極東ソ連軍総司令官ヴァシレフスキー元帥による次の命令による作戦指令が発せられたのである。それは、第 87 歩兵軍団のサハリン島南部上陸作戦、第 9 航空部隊の航空機主要大群の同地への移動、大泊港へ軍艦および輸送手段を集中させること、さらに、その後最高総司令部の命令を受け取り次第北海道進攻作戦を開始する、作戦準備完了期限は 1945 年 8 月 23 日とする、というものであった。[54]

　第 2 極東方面軍司令部への指令第 3 項は以下のように命令している。

豊原の中心街

　第1極東方面軍第87歩兵軍団先頭部隊の上陸作戦を待たずにサハリン島敵軍団南部部隊の一掃作戦を続けること、その後オオドマリ港とトヨハラ地区を遅くとも1945年8月22日朝までに占領すること。⁽⁵⁵⁾

　最高総司令部の指令第3項の遂行は簡単ではなかった。特に第56歩兵軍団にとっては。8月19日から21日までの期間、すなわち3昼夜の間に陸軍少将アリーモフ指揮下の機動隊は古屯から内路まで総距離約100キロを進軍した。内路から豊原まではさらに270キロを踏破する必要があったのだ。A.M.ヴァシレフスキー元帥の指令に基づいてこの作戦を行うのは今や第56歩兵軍団ではなく、明らかに真岡上陸作戦を行った第113独立歩兵旅団が行う可能性が予想された。しかし、この旅団の進攻は熊笹峠において日本軍部隊に阻止されていたのである。

　それにもかかわらず、トヨハラとオオドマリを迅速に占領せよという第56歩兵軍団司令官への命令を誰も取り消すものはいなかったのである。軍団機動隊の進軍を加速させるには、戦闘行動停止協定を締結し、カラフト南部における交通インフラ、特に橋梁保全について日本軍司令部と合意協定を成立させることによってのみ可能であった。しかし、同時に重要なことは、この協定によってのみソ連側だけでなく日本側でも幾多の人命を救うことが出来るということであった。

　協定を締結するというチャンスは第56機動隊司令官陸軍少将M.V.アリー

モフに降りかかってきた。鈴木大佐の提案によって、この目的を担った二人の会談は８月22日知取で行われることとなった。

知取住民の落ち着き

アリーモフ陸軍少将の機動隊の前衛隊は８月21日夜半に知取郊外に現れ、すぐに警察署をはじめ主要な行政府関係の建物を占拠した。

「私は知取の町を占領した際、軍使の役を務めました。」第695独立通信大隊の無線通信士だったV.T.ロマニュークは戦後思い出を語っている。

　　グループを率いていたのはガヴリーロフ少佐でした。われわれ無線局分隊は急きょ戦車の一台に乗車し、通訳と共に知取の町へ向かいました。町はずれで戦車は停止しました。われわれを日本軍士官たちが出迎えて、参謀部へ案内しました。土地の住民は我々に向かって罵声を上げ、拳固をふりかざして脅しました。成功裡に行われた会談の後、我々のグループ全員が表彰されました。私と友人のコズロフは"戦功賞"のメダルを授与されました。(56)

また、土地の住民大和哲男の思い出から。

　　戦車の轟音に続き、１台の戦車が駅正面でぐるりと方向をかえて止まると、バラバラと兵隊が飛び降りて附近に散開した。懐中電灯が点滅し、次に来た戦車は鉄道の枕木でつくった柵をバリバリと踏みつぶして線路上に居すわった。続く三台はまっすぐ国道を南に走り去った。私たちは２階にいたが、地下足袋をはき、脱出の用意をした。しかし、銃声も起きず、建物に乱入する気配もない。階下にいた人たちは事務室の電灯をつけ、ウィスキーを用意した。やがて油に汚れた戦車兵が腰に拳銃をつけて入ってきた。ニコニコして握手を求め、「ワダー」という言葉を連発した。その言葉が水を意味することに気付くまでしばらくかかった。ウィスキーをすすめても口にせず、水をがぶのみすると出ていった。(57)

午前３時に知取の町長木立猛は陸軍少将アリーモフと会った。将軍はこの土地の行政長に町の状況について質問し、ソ連軍には善意の意図しかないことを請け合って、知取町長に最初の課題を提起した。すなわち、本日18時までに町の照明設備を復興するように要請したのである。

アリーモフ陸軍少将と彼の参謀部は旅館「白鶴」に投宿することが決まった。

そして、この時ソ連の将軍が詰襟の軍服から知取町の日本の地図を引っ張りだしたので、木立町長を驚かせた。[58] 別れ際に、将軍は町長の手を強く握りしめた。

「朝になってみると、駅前には十四、五台の小、中型戦車がいた。まず子供たちが戦車兵と仲よしになった。おびただしい車両が次々と北から入ってきた。ジープやトラックは USA のマークがはいっていた。」―大和哲男の思い出である。[59]

避難民の一団と共に徒歩で8月21日知取に到達した元敷香の住人シム・ウリ・ユンは以下のように思い出を語っている。

われわれは学校の建物の中で夜を過ごした。朝、窓から外を見るとそう遠くないところにソ連の戦車が留まっているのが見えた。そばにはきれいな軍服を着たソ連兵士たちがいた。彼らは笑顔で集まってきた子供たちにバター付きのパンを配っていた。その後通訳が来て、われわれ全員を集めて、われわれは何も怖がる必要はないし、われわれを威嚇するものは誰も居ないと説明した。われわれは寮に住まわされ、時々集められて政治問題の話を聞かされ、レーニンの本を読まされた。[60]

敷香からたどり着いた避難民は茫然自失の状態だった。知取の住人がどこかへ逃げようともせず、落ち着いているのを見て、自分たちが役場の呼びかけに負けて、自分の町を捨ててきたことを悔やんだ。[61] 彼らは敷香の町が放火されたことに憤激しており、官庁の栗山支庁長と松尾町長を法廷に訴えたいと思っていた。特に、8月21日には、樺太南部にソ連軍の上陸作戦が行われたことから、南部への避難を中止するよう樺太庁から知取に指示が届いていたからである。「私はあなた方皆と同じ人間だ」と松尾は抗弁していた。

知取は、町の住民がソ連軍を整然と比較的友好的に迎え入れた樺太最初の町だった。Ya.F. クゥジン（第284砲兵連隊）の思い出から。

われわれは比較的大きな町・知取で休止となった。人々はわれわれの部隊を事細かに眺め回すのだった。町では軍服と平服の混ざったような何か奇妙な服を着た軍人らしい挙動の若い男たちに出会った。知取には守備隊を残してわれわれは南への進軍を続けた。[62]

8月22日午前10時には元泊村の村長佐藤趨[63] にソ連軍の前衛部隊は知取郊外にあり、南方へ進軍中であるという報告が届いた。佐藤は住民に家に白旗を掲げるようにという指示を出した。15時、村長は村の北端に出て行って、そこで37台の戦車の隊列を迎え、彼らに元泊への道を案内したのである。[64]

知取協定

　陸軍少将アリーモフと陸軍大佐鈴木康生の戦闘行動停止に関する会談は、8 月 22 日午前 10 時 30 分、知取消防署中央本部の建物で始まった。この建物が交渉の場に非常に適していたのは、建物が町の奥、遠い所にあるのではなく、町から南方への出口近く、幹線道路への交差点のそばにあるということであった。建物は 5 階建てで、知取ではおそらく一番高い建物であり、この町を取り巻く周辺すべての地域を眺め渡すことが出来るから、監視するにも適していたのである。

　会談を始める前の挨拶としてアリーモフ陸将は友好的な言葉を述べたが、厳しい態度の鈴木大佐は短い挨拶のみだった。それから話し合いは戦闘停止合意条件作成の可能性に移ったが、それは 1945 年 8 月 19 日、ソ連極東軍総司令官 A.M. ヴァシレフスキーと日本関東軍参謀長秦中将との間で合意された満洲における日本軍降伏条件の協定と同様のものであった。この方式に関する不一致点は喚起されなかった。

　鈴木大佐は、樺太師団司令部は真岡をはじめとして樺太全土における日本軍の戦闘停止の用意があることを表明した。しかし、鈴木は同時に日本人軍人を捕虜としないこと、日本女性を強姦しないこと、住民の財産を強奪しないことなどの要求を提示した。鈴木は、また、自分の得た情報では真岡においてソ連軍上陸部隊司令部と交渉を試みるべく出向いた日本の軍使が殺害されていると述べ、このこととの関連で、日本軍の各部隊に将校の中から特使を出して戦闘停止命令を伝えること、この特使にはソ連将校を帯同させるよう提案した。

　アリーモフ陸将は、鈴木の回想録によると、これらの日本側の要求と提案に同意した。この会談に同席した樺太庁警察部長尾形半は知取における会談の経過を次のように述べている。

　　　我々は最も当然な要望を提起した。それらの一つとして拒否されたものはなかった。すべてが受け入れられた。われわれは女・子供が樺太から引き揚げられるようにしてほしい、日本軍部隊が樺太から撤退できるようにしてほしい、島民の財産を保全してほしい等を要求した。また、社会の秩序、安全確保に日本の警察を参加させてほしいと要望した。そして、これらの要望の全部に同意を得たのである。[65]

　知取における交渉において、両者それぞれの側の相互理解は十分なものだっ

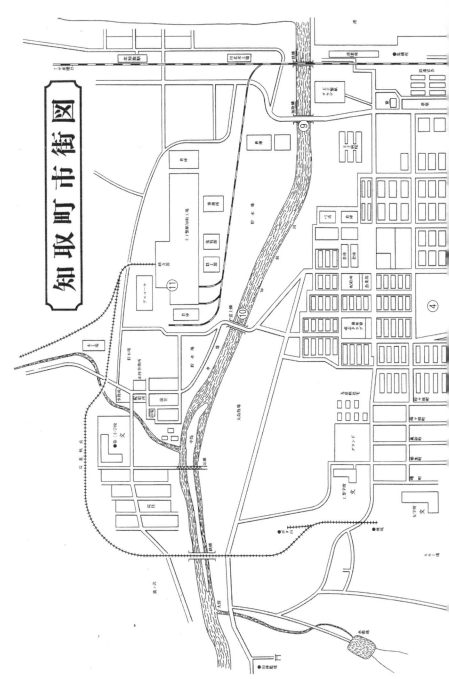

知取町市街図：①鉄道の知取駅②町役場③公会堂④学校と運動場⑤知取神社⑥軍人クラブ⑦中央消防署⑧旅館「白鶴」⑨知取橋⑩富士橋⑪株式会社「王子製紙」パルプ・製紙工場⑫競馬場

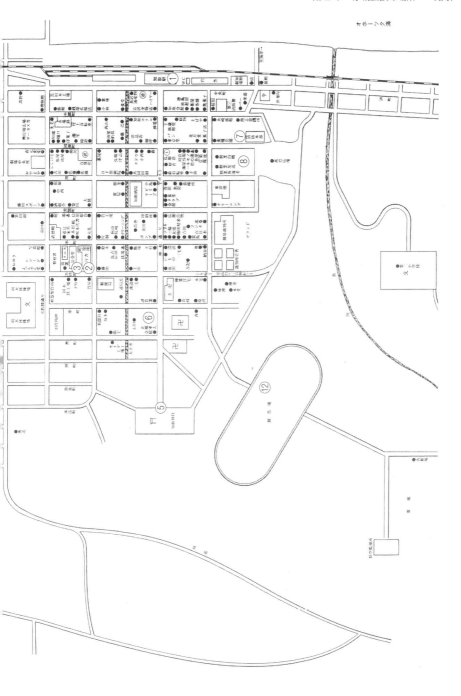

知取中央消防署（樺太連盟提供、樺太庁知取町高等女子中学校卒業生の「ナナカマド・クラブ」の機関誌所収の写真、1982年号より）

たようである。その結果、8月22日午後、協定は締結された。知取の合意事項は次の内容で締結されたのである。

「樺太における戦闘停止に関する協定」

1. 日本軍には武器の引き渡しを命ずる

2. ソ連軍はトヨハラ地区に8月24日13時に到着する（前衛の主力軍は入城しない）。駐屯地は日本軍によって定められる。（情報：カラフト軍はトヨハラの北部に駐屯している）。

3. ソ連軍が鉄道を管理統制する。次の指示に従うこと。

―鉄道路線と交通手段の破壊を禁止する。

―住民と貨物の輸送は停止される。

―トヨハラ駅にソ連軍による出入域検問所を設置するものとする。

―8月23日以後ソ連軍の駐屯地への到着まで各部隊間の通信手段の使用禁止を導入する。

同時に電話局にソ連軍の統制部が設置される。

4. 鉄道の空いている全車両は軍需輸送に宛てられる。

5. 日本軍人および一般住民が島を離れることを禁止する。

6. 憲兵隊および警察は法秩序を保障しなければならない。

7. 一般住民は労働の場に復帰しなければならない。

8. その他すべての問題はトヨハラ近郊において審議することとする。[66]

　知取協定についての情報は第88師団司令部へ送られた。また、樺太警察部長尾形は会談終了後直ちに達成された合意について『樺太新聞』に談話を発表した。

　　樺太庁警察部長尾形の談話
　　停戦協定に基き二十三,二十四日中にソ連軍戦車部隊逐次豊原地区方面に
　　進駐を見る予定なるも二十二日の樺太庁、北部軍管区豊原報道班共同発表
　　にもある如く関係住民は絶対に無用の心配をせず落ち着いて当局の指示に
　　従い各自の仕事を続けよ。[67]

　尾形の談話は1945年8月24日の『樺太新聞』に掲載された。見出しは「戦車部隊は南へ向かって進軍、23日中には豊原に到達する。住民は心配せずに仕事を続けなければならない。」となっていた。これが樺太の警察部長最後のインタビューとなった。新聞記者たちとの話合いの後、尾形はソ連軍に逮捕されたのである。[68]

停戦交渉が行われている間に

　知取で戦闘停止に関する話し合いが行われて間にも、南部では苛烈な戦闘が続いていた。8月22日の朝、熊笹峠で再び交戦が始まった。M.M.テチューシキン中佐[69]総指揮下の第113歩兵旅団第1大隊および支援部隊は峠奪取を試みた。秘密裏の迂回路による移動を行ない、自動銃兵大隊が日本軍守備隊陣地の後背に出た。やがて、定められたシグナルと共に前線と背後からの同時攻撃によって峠は奪取された。

　熊笹峠の戦闘はまるまる2昼夜続いたのである。一見この時間はわずかなものに思えるかもしれないが、このために幾十人もの兵士の犠牲的貢献によって成し遂げられたのであった。この峠の最後の戦闘で第113歩兵旅団は約30名の兵士と将校の戦死者を出しているのである。日本軍歩兵第25連隊山澤連隊長の回想によると、熊笹峠の戦闘過程で戦死者35人、負傷者29人（うち将校3）となっている。[70] ばらばらになった日本軍小隊は峠から逢坂─豊原への道路を島の奥深くへと退却していった。[71]

激烈な戦闘は宝台駅と池之端地区にある橋の前でトンネルの方へとさらに勢いが増していった。艦砲と海軍航空隊の掩護にもかかわらず、第113歩兵旅団第4大隊は何度も日本兵との白兵戦となったが、敗走した。そこで夜のとばりが下りてしまった。[72]

　夕刻、熊笹峠で日本側の陣地からモーターの音が響いてきた。誰かが近づいてきたトラックの音を戦車の音と取り違えて、戦端を開いた。しかし、その後明らかになったのは、このトラックには逢坂の町に配置されていた歩兵第25連隊の軍使たちが乗っていたのであった。おそらく、これは戦闘行動停止に関する峯木陸将の命令遂行の試みだっただろう。この軍使たちの一団の中で通訳が銃弾に当たって死亡したのである。そのため、ソ連軍陣地に到着した日本軍軍使たちは何事についても合意することは出来なかった。ソ連軍からは軍使たちに山澤大佐に対する最後通牒が渡された。それは山澤大佐自らソ連軍陣地に出頭し、無条件降伏受諾を確認するよう要求するものだった。その後軍使たちは逢坂へ戻るよう解放された。[73]

　日本側の資料によると、熊笹峠での軍使殺害という悲劇的な事件の後、日本軍司令部はソ連側と連絡を取った。そこで、真岡での戦闘行動は8月23日午前2時に停止された。[74]

　この同じ日、樺太の首都で悲劇が起こった。8月22日午後、ソ連軍の急降下爆撃機Pe-2が豊原の鉄道駅の空爆を遂行したのだ。駅の建物は爆破された。そのころ豊原駅の周辺には何百という避難民が集まって来ていた。空爆の結果多くの人が命を落とし、負傷した。同時に、火事が起こり、街へと燃え広がっていった。豊原の街は中心部から空港への道路伝いに20ブロックまでもが焼け落ちた。[75]空爆時とその後の火災で500戸の家が破壊され、焼け落ちたのである。[76]

　日本人の多くが、知取でソ連と日本の司令部代表が講和協定を締結した後にもかかわらず、戦闘行動を停止しなかったと、今日に至るまでソ連側の不当な仕打ちへの怒りを口に出す。しかし、いったん動き出した弾み車を一瞬のうちに停止させることは不可能だったのである。

知　取（2）

　日本側の資料によると、戦闘行動停止に関する協定が締結された後ただちに

知取の軍司令部、すなわち最初に進軍してきたソ連戦車部隊の指揮官は街の住民に対して命令を発した。

　この命令には、街の住民は職場とそれぞれの任務に戻り、必ず仕事を再開するようにと述べられていた。また、当面島内で他の市町村への移住は禁止されること、他の市町村への移動が必要な場合は、町の軍司令部へ許可を願い出な

知取神社を検分するソ連兵士

知取の富士橋での出会い：ソ連兵士と日本住民

けれればならないとしていた。武器を有する住民は 8 月 23 日中に役場の建物で引き渡すよう要求され、18 時以降は通りへ出ることは禁止された。さらに 8 月 24 日 14 時までにラジオ受信機を軍司令部に差し出すよう、命令が出された。[77] 知取はソ連軍人でいっぱいになったが、やがてその大部分は南部へと移動していった。

ソ連軍の豊原進駐 (1)

　1945 年 8 月 25 日、第 56 歩兵軍団が樺太の首都へ入った、とみなすことになっている。まさにこの日付は、その後の著作物[78]や戦闘に加わった人たちの回想録[79]に記されていた。しかし、ロシア連邦モスクワ州中央文書館の文書ファイルおよび日本の資料類を研究して明らかになったのは、陸軍少将アリーモフの機動部隊の前衛が 1945 年 8 月 22 日には既に豊原に入ったことを確認することができる。この部隊には I.M. グルシュコフスキー大尉[80]指揮下の自動銃兵独立大隊と第 2 独立歩兵旅団諜報中隊が加わっていた。[81]

　文書館の文書には樺太の首都に最初に入ったソ連軍人の名前が保存されている。それは第 2 独立歩兵旅団独立自動銃兵大隊第 3 中隊分隊指揮官 N.I. マルコフ曹長[82]だった。諜報グループに属する一人が軍使たちと共に豊原に到達したが、それは第 79 歩兵師団騎兵隊衛生指導員 M.M. アンドレーエフ曹長である。彼はまた、1945 年 8 月 11 日、樺太の国境を越えた際の最初のグループの中に居たのだった。しかし、その時は戦場で負傷していたのだ。

　独立自動銃兵大隊は豊原郊外に到達したが、知取合意に従って、それ以上町の中心部へは進軍しなかったのである。もっとも『樺太終戦史』は、資料に基づいて 8 月 22 日 19 時に、ソ連の諜報部員たちが樺太庁の建物の中に侵入して、文書類の没収を行ったと述べているのだが。[83] この大隊は逢坂地区へ日本軍を追跡して歩兵第 25 連隊小隊の武装解除にも加わっていた。日本側の資料によると歩兵第 25 連隊第 3 大隊参謀部は熊笹峠から宝台駅まで退却して、第 11 中隊と共に 8 月 23 日夕刻、豊原から汽車で到着したソ連の大尉と武器引き渡しの交渉を行ったとしている。[84]

　軍団主流から切り離されていた諜報部員、タウイスク出身のアドニィエフ、アレクサンドロフスク・サハリンスキー出身のボガトゥイリョフ、ノヴォシビルスク出身のステファンキン 3 人は日本軍団の武装解除の際、大変な豪胆さを

発揮したという。[85] 司令部の命令を遂行すべく先遣部隊は知取から豊原までの急行進軍を成し遂げたのである。何より重要なことは一人の死者も出すことがなかったことであった。

提起された課題を模範的に遂行したこと、大隊統括部の並外れた能力、また戦車部隊との正しい相互関係を形成したことに対して、第 2 独立歩兵旅団指揮官 A.M. シシェカール大佐はグルシコフスキー大尉の大隊に大祖国戦争第 2 級勲章を、大隊長自身には赤星勲章授与を上申した。[86]

　　註　第 2 章

1　1945 年 8 月 11 日 - 25 日のサハリンにおける第 2 極東方面軍前線部隊の戦闘行動について極東軍参謀部長カザフツェフ中将が 1946 年 1 月 31 日に執筆した記述より。//Русский архив：Великая Отечественная. Советско — японская война 1945 года：история военно-политического противоборства двух держав в 30-40е годы. Документы и материалы：В2т. Т.18 (7-2). М., 2000. С.11. [ロシアの公文書『大祖国戦争、1945 年のソ日戦争：30 年-40 年代における 2 大強国の軍事的政治的対峙の歴史、文書と資料』、第 2 巻、18 巻本 (7-2)、モスクワ、2000 年、11 頁.]

2　Русский архив：Там же. В2т. Т.18 (7-1). [ロシアの公文書：同上、54-355 頁.]

3　Русский архив：Там же. В2т. Т.18 (7-2). [ロシアの公文書：同上、11 頁.]

4　Кузин Я. Ф. Коммунисты – вперёд Слово освободителей. Южн-Сахалинск, 1985. С.10. Ya. クウジン「コミュニストたちよ、前進せよ！」『解放者たちの言葉』、ユジノ・サハリンスク. 1985 年、Ya.F. クウジンは 1945 年、第 284 砲兵連隊第 2 師団政治部司令部副部長だった。

5　Гладышевский Н. От обороны к наступлению//Летпись героических дней. Южно-Сахалинск, 1969. С.32. [N. グラディシェーフスキー「防衛から攻撃へ」『英雄の日月の記録』、ユジノ・サハリンスク、1969 年、32 頁.]

6　Ф. 1100. Оп. 1. Д. 161 (Диссертация А.Н.Рыжкова «Сахадин и Курильские острова в годы Великой Отечественной войны») [A. ルイシコーフの学位論文「大祖国戦争期のサハリンとクリール諸島」、Т.1. Л.325.]

7　1945 年初頭、北部部隊軍団に対し 44 年 12 月 27 日付命令 No.00392 に従って第 79 歩兵師団全部隊から「身体健康な、読み書きのできる、道徳的に堅固な者、特に共産党員またはコムソモール（共産青年同盟）員から第 157 歩兵連隊構成員として 125 名の課報・パラシュート降下中隊を 1945 年 5 月 5 日までに準備する。この命令遂行の責務は第 255 航空師団パラシュート降下任務の長に委ねられる。ЦАМО РФ. Ф. 491. Оп. 11214. Д. 11. Л. 52.

8　Голоса эпохи. Воспоминания ветеранов—участников Великой Отечественной войны. МУ Александровск-Сахалинская ЦБС. Александровский-Сахалинский, 2005. С.76. [『時代の声、大祖国戦争従軍の古強者たちの回想、地方自治体アレクサンドロフスク・サハリンスキー・サハリン中央図書館 ЦБС』、アレクサンドロフスク・サハリンスキー、2005 年、76 頁.]

9　M.V. アリーモフは 1940 年 8 月 8 日から 1941 年 7 月 23 日まで極東方面軍（ハサン

地区）スラヴャンスキー防御要塞司令官を務めた。1941 年 -1945 年は極東方面軍ブラゴヴェシチェンスク防御要塞司令官だった。

10 Сердюк П.Т. Так было...В боях за Южно-Сахалинск. Южно-Сахалинск, 2001 C.63. [P.T. セルジューク『事実を語る—ユジノ・サハリンスク解放闘争にあって』、ユジノ・サハリンスク、2011 年、63 頁。]

11 Драгунский Д.А. Годы в броне. М.,1983. C.10. [D. ドラグンスキー『機甲部隊で戦った年月』、モスクワ、1983 年、10 頁。]

12 Жуков Г.К. Воспоминания и размышления. М.,1971. C.625. [G.K. ジューコフ『回想と思索』、モスクワ、1971 年、625 頁。]

13 ЦАМО РФ. Ф.491. Оп.11214.Д.29. Отчёты о боевой деятельности противника. Л.74. [「敵軍の戦闘活動に関する公式報告」、L.74.]

14 Дёмин Л.М. Сахалинские записи. М.,1983. C.212, 214. [L. ジョーミン『サハリン日記』、モスクワ、1983 年、212 頁、214 頁。]

15 Дёмин Л.М. Артиллеристы перешли просеку//Летопись героических дней. Южно-Сахалинск, 1969. C.44. [L. ジョーミン「砲兵隊は林道へ分け入った」『英雄的日月の記録』、ユジノ・サハリンスク、1969 年、44 頁。]

16 Дёмин Л.М. Сахалинские записки. [L. ジョーミン、前掲、『サハリン日記』、214 頁。]

17 樺太終戦史刊行会議『樺太終戦史』、東京、1973 年、394 頁

18 同上、396 頁

19 ГИАСО. Ф. 1038. Оп. 1. Д. 160. Л.32.

20 ГИАСО. Ф. 1038. Оп. 1. Д. 160. Л.35.

21 За советскую Родину. [新聞『祖国ソヴェートのために』、1945 年 9 月 15 日]

22 上掲、『樺太終戦史』、428 頁

23 同上、『樺太終戦史』、434 頁

24 Вишневский Н.В. Смерть в четырёх шагах, Южно-Сахалинск, 1995. C.180. [N.V. ヴィシネフスキー『目前に迫る死』、ユジノ・サハリンスク、1995 年、180 頁。]

25 第 1 の防衛線は海岸に沿って東へ前線を通っており、前線に沿って長さは 6 キロまで、内陸へ 1 〜 1.5 キロあり、別個の防御拠点をなしていた。砲撃建造物として機関銃永久トーチカ—3、大砲永久トーチカ—3、機関銃木造土塁トーチカ—68、大砲木造土塁トーチカ—4、擲弾筒木造土塁—13、狙撃兵拠点—9、退避壕—10、倉庫—2. 建造物総数は 112、そのうち、捕虜の証言によると、39 は未完成だった。第 2 の境界線は東の内路戦線から西方と北西に位置する。前線に沿って長さは 6 〜 7 キロ、内陸へ 1 〜 1.5 キロあり、122 の建造物がある。永久トーチカは無い。木造土塁トーチカは機関銃トーチカ—66、大砲—8、擲弾筒—19、狙撃兵拠点—13、監視所・指揮所—3. 退避壕—13、収容限界は増強 1 個大隊までである。(ЦАМО РФ.Ф. 491. Оп.11214. Д.29. Л.25-26).

26 ЦАМО РФ.Ф. 491. Оп. 11241. Д.29. Л.25.

27 前掲『樺太終戦史』397 頁

28 Дёмин Л.М. Сахалинские записки. [前掲、L. ジョーミン『サハリン日記』、215 頁。]

29 Дёмин Л.М. Артиллеристы перешлипросеку. [前掲、L. ジョーミン「砲兵隊は林道へ分け入った」、45 頁。]

30 Воложанин А. И. А. ヴォロジャーニンは戦車上陸部隊で活動し、監視と通信任務を監督・指揮した。1945 年 8 月 21 日に戦死、祖国戦争第 2 階級勲章を受けた。

31　Сахалин. Военно-географическое описание. М., 1944.［『サハリン．軍事・地理学的案内』、モスクワ、1944 年、129 頁。］

32　Осипов И.З. Сахалинские записки. М., 1956. С.79.［I. オシポフ『サハリン・ノート』、モスクワ、1956 年、79 頁。］

33　Хисинума. Новое исследование географических названий Японии с точки зрения айнского языка. Токио, 1939. С.336 (на япон.яз.). (日本語)［菱沼『アイヌ言語の観点から見た日本の地理的名称の新研究』、東京、1939 年、336 頁。］(ГИАСО.Ф. 1170. Оп.2. Д.25.)

34　Хисинума Ивао. Минами Карафуто. Саппоро, 1994. С.414 (на япон.яз.). (日本語)［菱沼巌『南樺太』、札幌、1994 年、414 頁。］

35　Сахалинская каторга(вторая половина XIX – начало XX в.). Документы и Материалы. Т. 2. Южно-Сахалинск, 2015. С.75.［『サハリンの徒刑制度（19 世紀後半～20 世紀初め）文書と資料』、第 2 巻、ユジノ・サハリンスク、2015 年、75 頁。］

36　Руководство города Сиритору. 1937. С.1 (на япон.яз.) (日本語)［『知取町案内』、1937 年、1 頁。］

37　同上、2 頁

38　ГИАСО. Ф. 1100. Оп.1. Д.142. Т.1. Л.19.

39　株式会社「王子製紙」工場案内の記事。// 経済に関する特別なニュース。工業に関する資料第 1 分冊。紙についてのお話。「日本及び外国産業研究協会」出版、24 頁（日本語）

40　株式会社「王子製紙」知取工場案内書．1-9 頁

41　株式会社「王子製紙」工場案内の記事．27 頁

42　ГИАСО. Ф. 1100. Оп. 1. Д. 142. Т. 1. Л.19.

43　1930 年、鉄道が南新聞まで延長され、1936 年には敷香まで、1941 年には振戸駅（現在のオレーニ）まで、さらに 1944 年には古屯まで延長された。

44　1935 年の統計書による。戸主と人口。豊原、1936 年、10 頁、（日本語）

45　Экономика Сахалина. Южно-Сахалинск, 1998. С.109.［『サハリンの経済』、ユジノ・サハリンスク、1998 年．109 頁。］

46　1941 年～45 年に日本の商船隊はアメリカ艦船の軍事行動により 2143 隻の船舶を失った。(Ч.А. Локбуд. Топи их всех//Подводная война на Тихом океане. М., 2001. С. 422.)［Ch.A. ログブート「彼らを全て撃沈せよ」『太平洋における潜水艦戦争』、モスクワ、2001 年、422 頁。］

47　История Сахалина и Курильских островов с древнейших времён до начала XXI столетия. Южно-Сахалинск, 2008. С.434.［『古代から 21 世紀初頭までのサハリンとクリール諸島の歴史』、ユジノ・サハリンスク、2008 年、434 頁。］

48　Рыжков А.Н. Бой за родные острова. Южно-Сахалинск, 1980. С.88-89.［A. ルイシコーフ『母なる島々を守る戦い』、ユジノ・サハリンスク、1980 年、88-89 頁。］により引用.

49　Flucky, Eugene B. Thunder Below! : The USS Barb Revolutionizes Submarine Warfare in World War II. Illinois, 1992, p.389.［E. フラッキィ『雷鳴は海面下に！：USS "バーブ" は第 2 次世界大戦における潜水艦戦に革命的変化を起こしている』、イリノイ州、1992 年、389 頁。］

50　Рыжков А. Н. A. ルイシコーフ［前掲、『母なる島々を守る戦い』、88 頁。］

51　前掲、『樺太終戦史』、397 頁

52 同上、398 頁

53 鈴木康生『樺太防衛の思い出』私家版、1988 年、288 頁

54 Русский архив.［前掲、ロシアの公文書、42 頁。］

55 同上、42 頁

56 Голоса эпохи. 前掲、『時代の声、大祖国戦争従軍の古強者たちの回想』、76 頁。1945 年月 31 日付、内路駐屯第 56 歩兵軍団の V. ロマニューク上等兵と S. コズロフ上等兵は軍団前衛部隊の円滑なラジオ通信を保障した優秀かつ正確な業務に対し"戦功賞"のメダルを授与された。

57 前掲、『樺太終戦史』、434 頁

58 同上、436 頁

59 同上、434 頁

60 N.V. ヴィシネフスキー、前掲、『迫りくる死』181-182 頁

61 8 月 21 日までに知取の住民は町を離れていた。

62 ГИАСО. Ф. 1100. Оп. 1. Д. 175. Л.21.

63 佐藤趯（トシ）は 1912 年、本州野田村生まれ、1945 年まで元泊郷の長、1946 年 3 月 1 日から元泊村民政省の副長。

64 前掲、『樺太終戦史』、437 頁

65 前掲、『樺太終戦史』、398 頁（ここでは尾形警察部長が自著『暗い廊下―裏から見たソ連』のなかで書いている文章を引用しているが、末尾に「ソ連側が"よろしい"といったどの一つも誠実には実行されなかった」としている。―訳者）

66 Japan Center for Historical Records（JACAR）アジア歴史資料センター。「樺太の状況」『首都その他の地における戦争終結期前線地区における軍隊の状況』、日本厚生省引揚援助局歴史部・日本防衛研究所図書館出版、東京、1958 年、L.0140-0141（日本語）

67 『樺太新聞』、昭和 20 年（1945 年）8 月 24 日。（引用されている『樺太新聞』の記事は、原著のロシア語訳から翻訳せず、『樺太終戦史』、458 頁に掲載された新聞記事をそのまま使用した―訳者）

68 尾形半（雅邦）、1900 年山形県生まれ、21 年間警察機関に奉職、1945 年 8 月、樺太住民の疎開を指揮した。

69 ミハイル・テチューシキン 1945 年、第 113 独立歩兵旅団建設部隊副司官。ハサン戦役、ソ連・フィンランド戦争に参加。大祖国戦争では突撃将校歩兵大隊を指揮した。敵の防御要塞奪取には 1 度ならず卓越した功績を残した。

70 前掲、『樺太終戦史』、416 頁

71 Долуда А. Я. Дважды рождённая. Кемерово, 2000. С.48-49.［А. ドルーダ『二度生まれ変わって』、ケメロヴォ、2000 年、48-49 頁。］

72 同上、57 頁

73 Гапоненко К. Е. Болят старые раны. Южно-Сахалинск, 1995. С.151.［К. ガポネンコ『古傷が痛む』、ユジノ・サハリンスク、1995 年、151 頁。］

74 Сиракидзава А. Конец войны на Сахалине. Россия и островной мир Тихого океана. Выпуск 1. Южно-Сахалинск, 2009. С.195.［白木沢旭児「樺太における終戦」、『ロシアと太平洋島嶼世界』所収、ユジノ・サハリンスク、2009 年、195 頁。］

75 Крюков Д.Н. Гражданское управление на Южном-Сахалине и Курильских островах 1945-1948 гг.(Очерки и воспоминания). Южно-Сахалинск, 2012. С.16.［D.N. クリューコフ『1945 年〜1948 年の南サハリンおよ

びクリール諸島における民政局』（概説と回想）、ユジノ・サハリンスク、2012 年、16 頁］

76　ГИАСО. Ф.. 171. Оп.1. Д.4. Л.1.

77　前掲、『樺太終戦史』、435 頁

78　Багров В. Н. Победа на островах. Южно-Сахалинск, 1985. С.60.［V. バグロフ『島々における勝利』、ユジノ・サハリンスク、1985 年、60 頁。］

79　Дьяконов А. А. Освобождая Сахалин//Победа на Дальнем Востоке. Хабаровск, 1985. С.373.［A. ディヤーコノフ「サハリンを解放して」『極東における勝利』、ハバーロフスク、1985 年、373 頁. 前掲、A. ルイシコーフ『母なる島々を守る戦い』、ユジノ・サハリンスク、1980 年、58 頁。］

80　Грушковский И. M. I. グルシコフスキー、1913 年ウクライナ出身、労農赤軍から太平洋艦隊へ、1942 年-1945 年は第 2 独立歩兵旅団、中佐。戦後も軍隊に勤務、数々の叙勲歴あり。(ЦАМО РФ.Послужная карта И.М. Грушков- ского).［ロシア共和国防衛省中央文書館：I.M. グルシコフスキー職歴カード. ］

81　Приказ от 2.9.1945 № 2/Н (издан в Найро на Сахалине) по 2-й отдельной стрельковой бригаде 56 стрелькового корпуса 16 армии 2 Дальневосточного фронта.［1945 年 9 月 2 日付命令、No.2.N, (サハリン・内路で出された) 極東第 2 方面軍第 56 歩兵軍団 16 軍第 2 独立歩兵旅団に対する No.2, N.］(ЦАМО РФ)

82　Приказ от 2.9.1945 № 2/Н. Л.5. 同上　命令　L.5.

83　前掲、『樺太終戦史』、460 頁

84　同上、459-460 頁

85　前掲、命令：Приказ от 2.9.1945 № 2/Н：「勇猛章」のメダルが授与された。

86　前掲、大尉 I. グルシコフスキーの叙勲リスト (ЦАМД РФ)、赤星勲章が授与された。

第3章
戦争が終わった日

内路での会談

戦闘停止に関する知取合意を確認するため第88師団参謀長鈴木は8月23日内路に向かい、内路駅に停車中の列車で第16軍団司令官 L.G. チェレミーソフ陸軍少将および第56歩兵軍団司令官 A.A. ディヤーコノフ陸軍少将と会談を行った。[1] 鈴木大佐は樺太の全日本軍は武装解除に応じることを確認した。

第16軍政治局長シメリョーフ大佐の1945年8月26日付政治報告によると、この会談で鈴木大佐はサハリンの日本軍司令部の要求として次の事項を述べたとしている。

1. サハリンにおける日本軍降伏部隊全将校の刀剣所持を認めること。
2. 降伏した日本軍部隊に「捕虜」という用語を使用しないこと。
3. 日本軍将校に家族と共に生活することを許可すること。
4. 朝鮮人住民を日本人住民から分離すること。

シメリョーフ大佐はさらに以下のように報告している。

> これらの要望に対し、第16軍司令官チェレミーソフ陸将は何らの約束も与えず、武器の引き渡しと、8月25日15時までにソ連司令部に部隊の全兵員名簿、武器、その他軍部の財産のリストを書類の形で提出するよう命じた。鈴木大佐はソ連将軍のこの要求を自軍司令部に伝達することに同意し、日本軍司令部が軍の全部隊に時宜を得て指令を伝達できるように、武器の引き渡しを8月27日まで延期してほしいと願い出た。[2]

この時の会談について思い起こして、鈴木康生は『回想録』に次のように書いている。「アリーモフ陸将は我々の会談の間、我々に対して丁重な敬意ある態度を示していたが、ディヤーコノフ陸将は不当に高圧的な態度だった……」[3]

鈴木大佐のメモ

　第88師団の内路と恵須取地区に駐屯している部隊に戦闘行動停止について伝達するため鈴木大佐は簡単なメモを作った。野外という条件で書かれたため、このメモは手帳の1枚の紙に手書きで書かれている。メモは次の内容となっている。

　　停戦並びに武器引き渡しに関し、日ソ間に協定したるに付き、戦闘行動を停止し、現在地附近に於いて（ソ側の指示に拠）自ら武装を解除し、目録と共にソ軍に交付し、その後内路飛行部隊兵舎に居住し、後命を待たれ度し　細部に関しては平島大尉をして連絡せしむ。

　依命　8月23日

　参謀長　　鈴木大佐　　　　　　　　　　　　　　　　　　シェコー大佐

上記のメモの裏面に師団参謀長は追加の説明を以下のように書いている。

1. 俘虜と認め非ざるに付、承知せられたし。武装解除に同意すべし。
2. 切に自重し、日本軍人としての威信を破壊せぬよう、特に留意せられたし。
3. ソ側は丁重な取り扱いを確約しあり。
4. 将兵は帯刀（剣）し得るようソ側は上司に問合中、将校以上帯刀の事。爾余は刀（剣）を取り置き、将来なし得れば帯し得ん如く為し置くものとする[4]

このメモは以下のように第2独立歩兵旅団指揮官 A.M. シシェカール大佐によって裏書きされた。「ここに記載されたことは遂行される。A. シシェカール 23・8・45」[5]。

　上級司令部が存在する内路において、武器引き渡し等に関する日本軍への通達になぜ第2独立歩兵旅団指揮官が同意署名をしたのだろうか？これは謎のままである。このような決定が行われたことには A.M. シシェカール の軍歴が影響した可能性があると思われる。

親衛隊大佐・シシェカール

　親衛隊の A.M. シシェカール大佐は1945年3月31日、第2独立歩兵旅団司令官に任命された。[6] ということは、彼がサハリンへ到着したのは、事実上

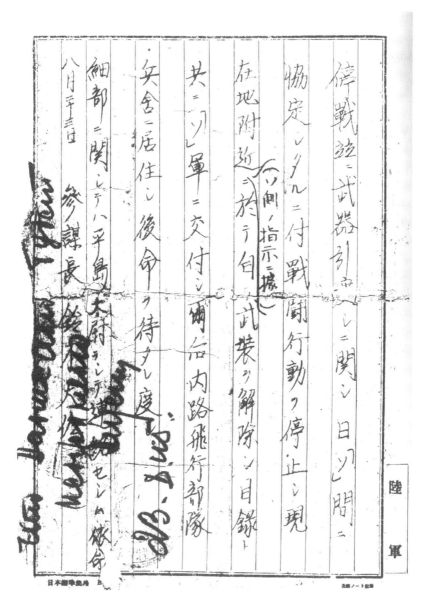

シシェカール大佐の裏書きのある鈴木大佐が停戦伝達のために書いたメモ

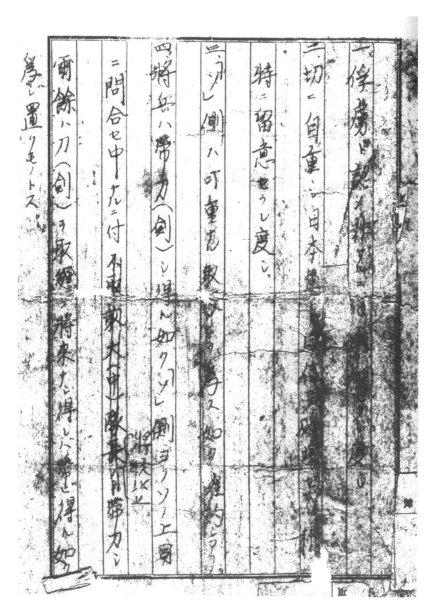

上記メモの裏面に書かれたソ連軍への要望と将兵への注意事項

A.A. ディヤーコノフ陸軍少将と同時だったのだ。アレクサンドル・ミハイロ
ヴィチ・シシェカールはそれまでに大きな軍事的経験を積んでいた。すなわち、
大祖国戦争の最も苛烈な戦場でドイツ・ファシスト軍と戦っているのである。

　1941 年９月〜 12 月、シシェカール大佐は国民義勇軍で構成された西部戦線
の第 113 歩兵師団第 1292 歩兵連隊を指揮した。モスクワ郊外の戦闘の初期に、
師団はスパス・デメンスクの南西部第 43 軍の防御地帯を占領した。1941 年
10 月、「ツェントル」軍グループのドイツ部隊が「タイフーン」のコード名で
作戦を行った結果、スパス・デメンスクを占領し、ヴャジマ郊外のソヴェート
軍の包囲網に密集した時、第 113 歩兵師団はヴァーゼムスクの完全包囲下に
あったソヴェート軍部隊と同様必死に戦い続けたのである。まさにこの英雄的
な抗戦がヒトラー軍団による総力でのモスクワ侵攻をくい止めたのだった。

　ヴァーゼムスク完全包囲の結果は第 113 歩兵師団にとって最高に深刻なも
のだった。戦死者と捕虜になった者は事実上師団の全幹部に及んだ。師団の構
成員となっていた 11,500 名のうちヴャジマ郊外の戦闘後に残ったのは、わず
か 2,680 名だったのである。しかし、師団は解散されなかったどころか、逆に
補充されて元に復し、ボロフスク郊外の戦いに突入し、その後退却してナラ川
の境界で１月半にわたってモスクワ防衛に当たった。シシェカール大尉指揮下
第 1292 歩兵連隊は、敵の優勢な部隊と頑強に戦い、敵の猛攻をくい止め、そ
の後敵を攻撃し、そのことによって「師団右翼の体制を立て直したのである」。

　シシェカール大尉の戦闘における優れた指導力と個人としての勇敢さに対し
て「赤星勲章」が授けられた。また、第 33 軍団を指揮して英雄的戦死を遂げ
た M.G. エフレーモフ陸軍少将は受勲リストに挙げられ、承認された。

　1942 年４月から、その時既に中佐の階級に昇進していたシシェカールは、
ドン自走砲旅団を、その後は同ヴォロネーシ旅団を、さらに第１ウクライナ方
面軍の指揮を執った。1942 年 11 月〜 12 月には第４自走砲旅団は敵のスター
リングラード集結軍包囲作戦に参加し、その後シシェカールの軍服の立襟には
赤旗章が輝いていた。さらに、その後シシェカールの第６自走砲親衛隊旅団[7]
のきわめてすぐれた指導によって圧倒的に優勢な敵との戦闘でドニエプル川右
岸の陣地を死守し、さらにキエフ奪還の決定的攻防戦に参加した。この戦いで
彼は負傷したが、戦功に対しズヴォーロフ２級勲章が授与された。治療後、彼
は極東のサハリン部隊に配属された。そこで彼は再び「実戦の経験のない」部
隊、第２独立歩兵旅団を率いることになった。[8]

サハリンにおける軍事行動の初期には、旅団の主力部隊はアレクサンドロフスク地区に配置されていた。それは敵軍の上陸作戦も予想されるサハリン島の海岸部を防衛する目的もあった。ただし、自動銃兵独立大隊は除外されて、アリーモフ陸軍少将の機動部隊に編入されていた。8月中旬になると、第2独立歩兵旅団はほとんど全部隊がサハリンの南部へ向けて敏速な移動行軍を開始した。

M.G.マジイ少佐指揮下の第1独立歩兵大隊はアレクサンドロフスクから内路へと行軍を開始した。「ハサン戦闘経験」のA.E.ヴァーシン少佐指揮下の第2独立歩兵大隊は、戦闘行動以前はドゥエに配置されていたが、上敷香までの行軍を成し遂げ、全部隊が揃って戦闘行動準備態勢を取った。短期間のうちに「上敷香の町にはしかるべき秩序が打ち立てられた。」(9)

G.Ya.ドゥドゥニコフ大尉指揮下の第3独立歩兵大隊は「アルコヴォ沿岸」地区から知取までの行軍を成し遂げた。「大隊の中で行われた一連の施策によって個々の兵員の規律が著しく高められたため、短期間のうちにシリトリ(10)の町にはしかるべき秩序が打ち立てられた。」(11)

旅団の個々の兵員は破壊された橋梁の建設と修復に参加した。かなり大掛かりな作業がレニングラード軍事技術専門学校卒業生の指導とM.M.ボンダレフ大尉指揮の独立工兵中隊によって成し遂げられた。作業期間は2、3倍上回ったが、「サムライ・グループによる策動の中」、歩兵部隊の掩護も受けずに長さ総計250メートル以上の橋が建設されたのである。連隊は地雷撤去作業も行ったが、その結果PT-地雷167個、びっくり地雷43個、起爆装置のついた空中投下地雷32個を回収した。ボンダレフ大尉は個人的に「2回の小競り合いという決死の行動によって6人のサムライを撃退し、労働している中隊への襲撃を未然に防いだのである。」(12)

第1独立歩兵大隊参謀部長V.P.クドゥリャフツェフ大尉指揮のもと上敷香町近郊で、2棟の倉庫と鉄道駅構内の地雷撤去を行っている。政治局員たちも傍観してはいなかった。第2独立歩兵旅団中隊政治部情報通訳業務上級指導員A.A.ヴェルシーニン中尉は「部隊の中で絶えず政治局旅団分隊副指揮官を援助して反日本軍情宣活動を行い、兵士個々人に敵に対する強烈な憎しみを植え付ける活動に絶え間なく動いていた」。また、日本人住民が町で安心して生活がおくれるようにソ連軍への正しい認識を与えるべく啓蒙活動を行ったのである。(13)

　このように第2独立歩兵旅団は新しく駐屯地となった場所の建設作業と戦争で破壊されたインフラを立て直す作業に従事したのである。したがって、シシェカール大佐が戦闘行動停止について日本軍部隊に通告する文書を整える過程に参加したことは、一刻も早く戦を終らせたいという個人的なイニシアチブ以外に何ら他意はなかったはずだ。この書類への裏書き署名を拒否することは、知取合意の決裂と戦争の継続という事態を招きかねないものだったといえる。そこで親衛隊のシシェカール大佐は、とにかくこれに署名したのである！彼は既に同じ連隊の仲間の死をいやというほど見てきたからである…

通　告

　日本軍部隊への戦闘行動停止に関する直接の通告は戦線ごとに行われた。恵須取─内路戦線に対しては平島邦雄大尉が責任を負った。鈴木大佐のメモを受け取り、ソ連の少佐と守備分隊と共に目的地へ向かって出発した。やがて内路の山岳地区で歩兵第306連隊第3大隊指揮官塩沢大尉に委託、その後は吉野少佐指揮下の分遣隊に伝達された。吉野少佐は恵須取地区の戦闘には加わらず、内路に戻ってきた。

　樺太における戦闘停止協定締結についての情報はどの場所でもその土地の住民にラジオか電報で知らされた。8月23日には知取協定について『樺太新聞』一面トップに以下の見出しで報道された。

　在樺太日ソ停戦協定成立、軽挙妄動を慎み正業精励、避難者も現状のま〻待機

　　休戦の大詔渙発されてより八日間、樺太の戦闘状態は完全な終結を見るに至らなかったが、二十二日在樺太日ソ連軍間の一般的停戦協定が成立、これに関し同日十九時北部軍管区豊原報道班および樺太庁から次の通り発表された。

　〔北部軍管区豊原報道班、樺太庁共同発表〕（昭和二十年八月二十二日十九時）

　一．本日在樺太日ソ軍間の一般的停戦協定成立せり

　二．右に基づきソ連軍戦車部隊は正午頃知取より南下しつつあるも態度極めて友好的にして住民の保護にも留意しあり、且当該地区住民は従来通りの生業を営むようとの申出あるにより関係地方住民は毫も不安動揺することなく且絶対に軽挙妄動を慎み対敵行動等に出づることなく生業に精励す

るること

三．避難者は何分の指示ある迄現状のま、待機すること[14]

「知取協定」を伝える 1945 年 8 月 23 日の『樺太新聞』トップ記事（北海道立文書館）

　樺太新聞の同じ紙面で、東京からの通報として、民防空体制解除と国民義勇
隊の解散が報じられた。国民義勇隊に対しては東久邇首相が談話を発表した。

　　東久邇首相の談話：先に国民の総力を結集して皇国護持の大任に当たる
　ため国民義勇隊の結成を見て以来全国各地方の国民義勇隊においてはそれ
　ぞれの特徴を発揮して激烈なる活動を展開し各職域に敢闘され、その成果
　多大なるものがあったことは深く感銘に堪えないところである。大東亜戦
　争は今度ご聖断により終結致したので昨日閣議において国民義勇隊は現下
　の実情に鑑みこれを解散することに決定したのであって茲に全国隊員各位
　の熱誠と労苦に対して慎んで感謝の意を表する次第である。御承知の如く
　国民義勇隊は大東亜戦争遂行上全国民あげて国土防衛の完備を目標とし生
　産の増強に邁進し、又情勢逼迫した場合は茸きをとって蹶起する態勢をな
　すために組織されたものであって戦争終焉の今日においてはこれを解散す
　ることを適当と認めた次第である。併しながら国民義勇隊解散により国民
　の結束がいささかも緩むことがあってはならぬのであって国民の結束を
　愈々鞏固に今し後の国運再建の大業にまい進致さねばならぬのである。[15]

　８月23日は樺太では伝統的に「樺太神社の日」とされていた。樺太神社は
島の中心をなす守護神とされている。この日はまた同時に「樺太庁の日」でも
あった。通常８月23日と24日には日本の国旗を飾って、大通りを神輿の行
列が練り歩き、人々はお祭りを楽しむのである。伝統的にはそうだったが、
1945年８月23日は違っていた。

ソ連軍の豊原進駐（2）

　陸軍少将アリーモフ指揮下の機甲機動部隊は、『樺太新聞』では戦車部隊（分
隊）と記されているが、停止することなく豊原方面に進軍を開始し、８月23
日昼食後、戦車部隊の前衛が落合に入り、夕方には樺太の首都・豊原郊外の北
豊原駅（ウラジミロフカ）に到達、そこで停止し、一夜を明かした。[16]

　夜半に戦車隊のそばを豊原方向に前衛部隊分隊の輸送列車が追走していた。
この列車は８月23日から８月24日にかけての夜半24時20分に豊原駅に到
着した。[17] 市当局と駅勤務員達はこの列車の到着については前もって通告され
ていた。列車は８両編成で、列車にはソ連兵士約500名が乗っていた。当時
の駅長はこの日の思い出を語っている。

兵士たちの表情はこわばっていた。ろうそくの光の下では青白いように見えた。[18]

上級将校が将校たちに食事を提供するよう命じた。夜中に西洋料理のレストランへ出掛けて行って50人分の食事を注文することを余儀なくされた。料理は魚とパンだった。そして、駅の2階に夕食のテーブルを用意した。食事の用意ができたのは午前3時だった。最初、私は怖かったが、その後私にも食欲がわいて食べたくなったのを覚えている。とはいえ、ソ連軍兵士に対して私は強い憎しみを抱いていた。8月22日の空襲の悲惨な結果を思い出すからである。[19]

列車で到着したソ連兵士たちは鉄道駅地区に駐屯し、鉄道の守備に当たった。この部隊は前衛部隊で、この部隊の任務はアリーモフ陸軍少将指揮下の機動隊主力部隊が無事豊原に到着できるように保障する事であった。[20]

ヴァシレフスキーからスターリンへ

1945年年8月23日、極東時間12時、極東ソ連軍総司令官A.M.ヴァシレフスキーは最高司令部大本営に対し、クリール諸島地帯およびサハリン島の状況に関する報告書を送付した。ヴァシレフスキー将軍は、秦将軍を通して提示したヴァシレフスキーの要求に従って日本参謀本部が8月23日朝からクリール諸島北部日本軍の全軍降伏を開始したと報告した。サハリンの状況については、報告は次のようにのべている。

サハリン島では本日島南部の日本軍第88師団の主力軍が降伏を始めている。プルカーエフの前には絶対的な課題が提起されている。8月25日朝までにサハリン全島の解放を完了する事である。[21]

A.M.ヴァシレフスキーの作戦計画によると、プリモールスキー地方からサハリン南部へ第1極東艦隊第87歩兵軍団部隊接近と共に真岡港―豊原より北の極東第1戦線と第2戦線の間に境界線を引くことが計画されていた。そのことによって極東艦隊第1軍団をその後のサハリン南部作戦のために用意しておく、あるいはこれに依存しつつ後方のクリール南部諸島の防衛を十分に強固にするためである。[22]

この考えによる作戦は、サハリン南部をソ連軍が占領するまでの期間が長引いたため実行されなかった。この報告書の調子から判断すると、作戦が実行さ

れなかった状況は極東大本営を動揺させたであろう。しかし、樺太軍の主力である第88師団は、実際は降伏を始めていたのであった。

真　岡

8月22日、熊笹峠で日本軍軍使の通訳が殺害されたため、その後軍事行動停止に関する交渉を行うにはいたらなかった。そして、歩兵第25連隊の代表は逢坂へ戻るため送り出された。一方、第113独立歩兵旅団はそれを待たずに軍使に追いつくべく旅団分隊を送り出したのである。

テチューシキン中佐指揮下の混成部隊は警戒措置を遵守しつつ熊笹峠を下りて逢坂から2キロの地点で停止した。翌朝、ソ連軍駐屯地でテチューシキン中佐と山澤大佐の会談が行われた。歩兵第25連隊の指揮官は「師団司令官峯木陸将の命令により」武器引き渡しの用意があることを通告した。[23]

午前8時にかけて第113独立歩兵旅団は逢坂を占領した。94名の将校、1,331名の下士官と兵士が捕虜になった。大部分の者は武器を持っていなかった。逢坂守備隊から没収した戦利品は、ライフル銃393、軽機関銃12、重機関銃4、擲弾筒8、ピストル1、刀6、無線局1であった。[24] 午後1時逢坂駅に豊原からソ連中尉の帯同により戦闘停止命令伝達のため第88師団代表吉松参謀が到着した。しかし既に、武装解除は猛スピードで行われていたのである。[25]

戦争最後のエピソード――助かった豊真線の鉄橋

鉄道「豊真線」（豊原―真岡間）の宝台と池之端駅間の長さ112メートル[26]の鉄橋は、1926年に建設された。この鉄橋がある鉄道路線は「真岡ループ鉄道」と呼ばれていた。汽車は丘陵をくりぬいて作られたトンネルをらせん状に走行して約40メートルの高さの鉄橋に出る。この鉄橋から下を眺めると、トンネルと線路が見え、汽車がそこを通って鉄橋へ上って来るのが見えたのである。

「豊真線」の鉄橋は樺太開発の目覚ましい成功のシンボルであり、多くの観光客を引き付ける樺太の名所の一つでもあった。しかし、このユニークな建造物には1945年8月、悲劇的な運命が待っていたのだ。「豊真線」は軍事的視点からすると、15のトンネル[27]によって樺太の東海岸と西海岸を結んでいたからである。つまり、トンネルを閉鎖し、この主要な鉄橋を破壊すれば、鉄道

による敵軍の樺太奥地への移動を停止させることができるのである！

　8月20日、ソ連軍の陸戦隊が真岡に上陸した後、第88工兵連隊の戸島少佐はソ連軍の鉄道「豊真線」利用による進攻は避けられないと考え、師団司令官に通告を送り、この鉄道の橋脚を爆破し、トンネルの中へ蒸気機関車を押し入れて、トンネルを閉鎖するために中の機関車をも爆破することを提案した。峯木陸将は工兵たちのこの提案に同意した。そこで、技術部隊が逢坂駅から宝台駅へ爆発物と弾薬類を運んだ。鉄橋守備の分隊は後方へ退却となり、工兵隊はトンネルを「ループ」地区で爆破する命令を受けた。しかし、航空機と砲兵隊の掩護を受けて絶え間なく攻撃を繰り返す「黒い服」のソ連陸戦隊は日本工兵隊に峯木陸将の命令を遂行することを許さなかった。そして、間もなく戦闘行動停止の連絡が伝達されたのである。日本側の資料が述べているように「戦争終結の声明が届いたため、命令は遂行されなかった」のであった。[28]

　しかし、その間に「ループ地区」の主要な鉄橋の、あるいは兵士たちがその頃「悪魔橋」と名付けていた橋の破壊命令を第113独立歩兵旅団の工兵隊が受け取っていたのである。

　予備役 V.I. リャシスキー大佐の思い出から。

　　日本側は"悪魔橋"の前のたいへん有利な場所を占めていたから、我々
　　がその防御線を突破するのは難しかった。一度ならず、二度、三度と攻撃

豊真鉄道ループライン

をかけた連隊が血みどろの武力衝突によって敵の最初の塹壕を闘い取った。しかし、次の攻撃地点へ進むには人員も掩護の銃撃も足りなかった。…8月24日にかけての夜半、我々が高地の一つに陣を張っていた時、連隊から二人の兵士を偵察に出すようにという指令が来た。…送り出されていた"悪魔橋"後方にいるはずの工兵を探し出して、情勢が変化したため橋を爆破しないようにという大隊司令官の命令を伝えるという任務が与えられていた。夜明けとともに我々は後方の日本部隊側へと出発した。…我々は長いことわが軍の工兵を探していたが、ついに聞きなれた声が聞こえてきた。彼らのうち誰かが我々の呼びかけに答えたのだ。そして、我々は互いに会うことができた。工兵たちは我々が到着したことを非常に喜んだ。われわれは彼らに命令を伝え、皆で帰路についた。日本側の掩蔽物（シェルター）の場所からは橋の警備隊、日本軍警備隊のトーチカ、見張り小屋が良く見えた。工兵たちは橋の爆破に都合の良い時を2昼夜以上も待っていたのだ。しかし、そのようなときは訪れなかった。そして、これはより良き方向と言えた。日本側では橋の爆破のためにすべてを準備していたにもかかわらず、橋が無傷のまま残ったからだ。[29]

モスクワ

その日、モスクワの最高総司令部にサハリンおよびクリール諸島だけでなく、中国においても日本軍降伏の経過に関する報告が届いた。8月23日、ポルト・アルトゥール（旅順）およびダーリニィ（大連）両市に V.D. イワーノフ中将と A.A. ヤマーノフ陸軍少将指揮下の空挺部隊が上陸した。また、同日夕刻にはポルト・アルトゥールに第6親衛隊戦車部隊の第21戦車旅団が進駐した。このように8月23日にかけて日本の軍隊はすべての戦線において組織的な抗戦を停止した。[30]

待望の講和に関する最後の合意がその前夜南サハリンの知取の町で達成されていたのだ。日本軍は全員整然と武器の引き渡しを完了した。そして、正にこの日、I.V. スターリンがその後長期にわたってソ連と日本の関係に暗い影を落とすことになる文書に署名したのは偶然ではない。これはソ連邦国家防衛委員会の日本軍戦時捕虜の受け入れ、各地への配置、労働力としての利用に関する完全に秘密の決定（政令）であった。

戦時捕虜となった日本人たち

　この決定（政令）はソ連邦内務人民委員部及びザバイカル・極東方面軍軍事
会議に50万人までの日本人軍事捕虜を選抜し、軍事捕虜収容所へ送ることを
保証し、義務付けていた。極東とシベリアという条件の下での労働のためであ
る。[31] この決定は、ソヴェート連邦が日本との戦争に突入した日に、ソ連邦も
作成に加わったポツダム宣言第9条に違反するものだった。[32]

スターリン同志の祝辞

　1945年8月23日、最高総司令官スターリンは極東のソ連陸軍と艦隊の司令
部に宛てた命令№.372に署名した。[33] 命令は以下のように祝意を伝達したもの
であった。

　　1945年8月9日から本日迄の期間、強烈な砲火と空爆攻撃の支援により、
　ソ連軍は長期にわたって満洲との国境に梯形に配置された敵軍の防御を突
　破し、満洲の奥深くへと激烈な進攻を展開しつつ大ヒンガン山脈、アムー
　ル川、ウスリー川を強行突破、さらに500キロから950キロ進軍し、全
　満洲およびアンドレーエフ海軍中将指揮下の北太平洋艦隊との協同作戦に
　より、南サハリン、クリール諸島群のシュムシュ島、パラムシル島を占領

したのである。

　これらの優れた軍事行動に対して、サハリンを含め極東における日本軍との戦闘において抜きんでた力を発揮した陸軍および海軍艦隊、中でも陸軍少将チェレミーソフ（第16軍団）、同陸将ディア—コノフ（第56歩兵軍団）、陸将バトゥーロフ（第79歩兵旅団）、チミルガレーエフ中佐（第214戦車旅団）、ナヒムチュウク（正しくはネヒムチュウク）中佐（第284砲兵連隊）各軍団への感謝が表明された。

　８月23日22時、モスクワにおいてわが勇猛果敢なるザ・バイカル軍団、極東軍団、太平洋艦隊に対して、また同様に満洲、南サハリン、クリール諸島の一部を解放したチョイバルサン将軍のモンゴル軍団に対して、324の砲台から24名の砲兵の一斉射撃によって礼砲が放たれた。[34]

　新聞は以下のように報じた。

　　　モスクワは打ち上げられた祝砲の中で再び歓喜とお祝いの言葉、輝く笑顔のうずに沸き立った。何千という勤労者が通りや広場に繰り出してきた。企業の談話室で、あるいは自宅でラジオから流れる歴史的な最高総司令官の指令を注意深く、熱心に聴いていた。モスクワっ子たちは夜遅くまで新しい勝利の知らせをについて語り合っていた。[35]

　以上のように1945年８月の最も重大な日々の１日が終わった。そして、ちょうどこの日の40年前に、すなわち1905年８月23日に、アメリカのポーツマスにおいて日露戦争を終結させたロシアにとって屈辱的な条約が調印されたことはおそらく偶然ではないだろう。モスクワでは、このことを決して忘れてはいなかったのである！

　　　註　第３章

1　前掲、『樺太終戦史』、399頁
2　Русский архив:Великая Отечественная. Советско—японская война 1945 года:история военно-политического противоборства двух держав 30-40-е годы:Документы и материалы：В2т. Т.18(7-2). М.,2000. С.20.［ロシアの公文書『大祖国戦争、1945年のソ日戦争：30年-40年代における２大強国の軍事的政治的対峙の歴史、文書と資料』、第２巻、18巻本（7-2）、モスクワ、2000年、20頁。］
3　鈴木康生『樺太防衛の思い出』、294頁
4　同上、294頁-297頁
5　鈴木康生の回想によると、戦闘行動停止に関する鈴木大佐の指示によるカタカナで書かれたメモと一致するソ連大佐の名前（姓）は「シェコー」と読めるが、地位は

示されていない。この将校の人物を正確に特定することが必要である。第2独立歩兵旅団親衛隊の司令部に似た名前として A.M. シシェカール大佐に見当を付けて、ロシア連邦防衛省中央文書館フォンドで A.M. シシェカールが署名した文書を探索（戦闘報告、叙勲リスト等）することができた。署名の筆跡を比較した結果、戦闘行動停止の通告は正に A.M. シシェカールが査証したことが明らかになった。

6 第2独立歩兵旅団は第449歩兵連隊を基盤に1941年7月マガダン州オリスキー地区軍事委員会により設立された。旅団構成員には極東建設の自由労働者の他に徴兵年齢に達している高学年の生徒が編入された。自由労働者は入隊したいという希望を表明していた者である。また、矯正労働収容所での禁固刑の期間を務めあげた元囚人も編入されたが、彼らの中には政治問題で有罪判決を受けていた者は一人もいなかった。1942年9月初め、第2独立歩兵旅団は北サハリンへ移動となり、第56歩兵軍団の作戦指揮下に入った。その後旅団はアレクサンドロフスク市地区タタール海峡沿岸守備の任務を帯びた。アルコヴォ、ドゥエ、ポロヴィンカ地域に旅団小隊によって防御施設が建設された。旅団はアルコヴォ―トィモフスコエ狭軌道鉄道の建設に参加した。さらに1944年にはポギビまでの道路開削を行った。この場所は冬期にはサハリンと大陸本土を結ぶ道として使用される。

7 1943年2月7日付け防衛人民委員部命令 No.57 と赤軍参謀本部1943年2月14日付指令 No.36594 のベースにはスターリングラードの闘いで発揮された戦闘課題の模範的遂行、部隊個々人の堅忍不抜、勇気、高度な規律があり、第4自動走砲旅団は第6自走砲親衛隊旅団に編成替えされた。НК, ГШКА, ОСБр.

8 第2独立歩兵旅団において戦闘経験を有するのは数名の将校に過ぎなかった。その中には第1部隊旅団参謀部長副官 N.N. ユフネーヴィチ大尉と旅団第2独立歩兵大隊司令官 A.E. ヴァーシン少佐が居たが、二人は1938年ハサン湖地区での日本軍との戦闘に参加していた。また、第2軍後方副指揮官 D.F. コソゴイ少佐は1941年10月から1945年3月までカレリア戦線で独軍と戦った。

9 叙勲リストによると、ヴァーシン少佐は「祖国戦争第2級」勲章を受けている。

10 テキストではシリトリとなっているが、実際はシリトル。

11 叙勲リストによると G.Ya. ドゥドゥニコフは「赤星勲章」を受けている。

12 M.M. ボンダレフ大尉は「赤星勲章」を授与された。

13 V.A. ヴェルシーニン中尉は「戦功功労章」のメダルを授与された。

14 Русский архив. [前掲、ロシアの公文書：『大祖国戦争、1945年のソ日戦争』、44頁.]

15 同上、44頁.（このロシアの公文書、44頁は『樺太新聞』昭和20年8月23日一面のロシア語訳となっているが、新聞自体の日本語原文を使用した―訳者）

16 前掲、『樺太終戦史』、439頁。前衛部隊の参謀部が落合では同様に消防署の建物に駐屯したことは注目に値する。

17 同上、459頁

18 駅の電力供給は破壊されていたので、駅長はろうそくによる照明を決定した。

19 前掲、『樺太終戦史』、459頁

20 同上、460頁

21 Русский архив. [前掲、ロシアの公文書：『大祖国戦争、1945年のソ日戦争』44頁.]

22 同上

23 Гапоненко К. Е. Болят старые раны. Южно-Сахалинск, 1995. С.151. [К. ガポネンコ『古傷が痛む』、ユジノ・サハリンスク、1995年、154頁.]

24 ГИАСО.Ф. 1038. Оп.1. Д.160. Л.14

25 前掲、鈴木康生『樺太防衛の思い出』、296頁

26　Самарин И.А. Памятники истории и культуры периода губернаторства Карафуто (1905-1945гг.). Путеводитель. Южно-Сахалинск, 2015. С.164. ［I. サマーリン『樺太庁時代（1905 年-1945 年）の歴史と文化の記念碑—ガイドブック』、ユジノ・サハリンスク、2015 年、164 頁。］

27　Костанов А.И. Самая восточная дорога России. Москва, 1997. С.30. ［А. コスタノフ『ロシア最東端の道』、モスクワ、1997 年、30 頁。］

28　前掲、『樺太終戦史』、412-413 頁、（さらに同書 414 頁〜415 頁にかけても戦闘の状況が詳述されている—訳者）

29　ГИАСО.Ф. 1100. Оп.1. Д.175. Конверт 12. Л.12.

30　しかし、いくつかの地区ではあれこれの理由で武装解除に応ぜず、時には多数の日本軍人による散発的な武装行動が認められた。彼らは破壊工作分子とみなされて殲滅するよう命じられた。

31　Русский архи.［前掲、ロシアの公文書：『大祖国戦争、1945 年のソ日戦争』175 頁。］

32　ポツダム宣言第 9 条は述べている：日本の軍隊は完全に武装解除された後、各自の家庭に復帰し、平和的かつ生産的生活を営む機会を与えられるだろう。

33　Приказы Верховного Главнокомандующего в период Великой Отечественной войны Советского Союза. М., 1975. С.514-519. ［ソ連邦大祖国戦争期の最高総司令官の命令』、モスクワ、1975 年、514-519 頁。］

34　第 1 級（カテゴリー）の礼砲は 324 の大砲のうち 24 台からの一斉射撃となる（大砲の数は最初の礼砲プラス 200 である）。このような礼砲でソヴェート軍は同盟共和国の首都、その他の国家の首都を解放し、また同時に大祖国戦争の戦線における特別に重要な戦闘作戦が成功裡に完了したことの勝利を祝ったのである。このような礼砲は 1943 年 11 月、ウクライナの首都キエフを解放した栄誉をたたえて初めて撃ち放たれた。大祖国戦争の期間には第 1 カテゴリーの 23 の一斉射撃で礼砲が撃ち放たれた。礼砲の第 2 カテゴリーでは 224 の大砲から 20 の一斉射撃で礼砲が撃ち放たれる（大砲の数は最初の礼砲プラス 100 である）。第 2 カテゴリーの最初の礼砲は 1943 年 8 月 23 日モスクワでハリコフ市解放戦士たちの栄誉をたたえて撃ち放たれた。第 3 カテゴリーの礼砲は 124 の大砲から 12 の礼砲の一斉射撃となる。

35　Цит. по победа на Дальнем Востоке. Хабаровск, 1985. С.520. ［『極東における勝利』、ハバロフスク、1985 年、520 頁。］より引用

第4章
司令官たち
──平和な日常への困難な道のり──

豊原に翻った赤旗。第1日目

　1945年8月24日、朝、豊原中心街、豊原駅前広場の近くにある豊原中央郵便局の建物の2階からシンボルの鎌とハンマーの付いた大きな赤旗が現れた。赤旗は豊原の鉄道駅に到着したソ連軍部隊のシグナルとなっていた。つまり、豊原の町は占領されているということである。やがて豊原の中央通りに添って立ち並ぶ建物にもそれぞれ白い旗に交じって、大きくはないが赤い旗が掲げられた。

豊原郵便局の建物に掛けられた赤い旗と白い旗

その日のお昼頃、豊原にソ連軍の戦車
が入ってきた。戦車隊は午後2時には既
に大通り（現レーニン大通り）を進んで
いた。地元の新聞記者大橋一吉は日記『失
われた樺太』に以下のように書いている。

樺太庁長官・大津敏男

　　戦車には埃まみれの兵士たちが
　　乗っていた。彼らは保護者ぶって微
　　笑を浮かべ、手を振っていた。その
　　時歩道にいた日本人は、彼らの挨拶
　　に答えないのは失礼だと考えて、そ
　　れに応えてやはり手を振った。[1]

鉄道駅前の広場に前衛部隊を率いて到
着したアリーモフ陸軍少将を迎えるため
に自動小銃を持った兵士たちが横隊に並んでいた。そこへフロックコートにシ
ルクハットの樺太庁長官大津敏男が通訳吉田を伴って車から降りた。

　数分経って、駅の建物から陸軍少将アリーモフが現れた。将軍は脇に幅広い
飾り帯のついたガリフェ（膝上が膨らんだズボン）を着て、金の帯飾りの付い
た制帽をかぶっていた。日本の人々には陸軍少将は堂々として立派に見えた。
それに引き比べ彼と並んで立っている将校たちとも、言うまでもなく埃だらけ
の兵士たちともまったく違っていた。特に高圧的であること、また、その将軍
としての身のこなしにおいても。ソ連の士官たちは挨拶を交わした後、駅前広
場に用意されたフルコースというべきご馳走の並んだテーブルへ案内された。
驚いたことには、そこには華やかな着物を着た芸者たちが待っていた。[2]

　ソ連の将校たちはお酒のグラスを手に取ったが、新聞記者大橋が日記に書い
ているが、このような接待に対して彼らの顔には特に喜びの表情はなかった。
戦闘行動が終了した後ではあるが、将校たちは依然としていつものように腰に
サーベルを下げている樺太憲兵隊長の白濱大佐と共にお酒を飲む羽目になっ
たからである。[3]

　『樺太新聞』はこの対面の宴について次のように報道している。

　　駅頭に温い握手、進駐軍を迎へた首都
　　8月24日午後2時南樺太の首都豊原にソ連軍は戦車を先頭に第一次進駐
　　を行った、それはソ連軍にも在住日本人にとっても感慨深き歴史的進駐で

あった。豊原駅頭には戦いの余韻未だ消えやらぬものがあった。また、両国の歴史的関係には様々なページが記されている。豊原は駅前広場で起こった悲劇をも忘れまい。しかし、我々は戦車兵と陸戦兵士たちの笑顔に出会ったのである。ソ連軍の代表はわが市民たちの感情に理解を表明した。顔に微笑を浮かべて彼らは我々の手を握った。これはすべてこの同じ駅前広場で行われたのだ。ここで両者対面のために宴席が設けられ、ビール、ウィスキー、日本酒が並べられた、ソ連の軍人たちは日本伝統の着物を着た日本の女性たちと温かく接していた。ソ連軍人たちは愛想よく楽しんでいた。ソ連軍司令部とは憲兵隊の白濱大佐が挨拶を交わした。この後、白濱大佐は記者たちにソ連の人たちはあけっぴろげで、愛想が良いと話した。この言葉は我々に希望を与えてくれた。ソ連との対面が和気あいあいとしたものになるかどうか確信がなかったからだ。[4]

　このようにアリーモフ陸軍少将指揮下の第56歩兵軍団機動部隊の豊原への迅速な移動が完了した。さらに、1945年8月24日午後8時、真岡から移動してきた第113独立歩兵旅団第3独立大隊が樺太の首都に入った。[5] 極東ソ連軍総司令官A.M.ヴァシレフスキーの命令・1945年8月27日付№6/Nの課題を模範的に遂行し、その過程において献身と勇敢さを発揮したことに対してM.V.アリーモフ陸軍少将に勲章・赤星章が授与された。

　しかし、それにしてもなぜ第56歩兵軍団の豊原入城は、この行動に参加した人たちの証言を含めソ連の軍事・歴史文書においても8月25日となっているのだろうか？　ここで、以前驚きを呼び起こしたA.M.ヴァシレフスキーソ連邦元帥の著書にある以下の情報が思い起こされたのである。

　　サハリンにおける戦闘の興味深い1ページとなっているのはトヨハラ
　　（ユジノ・サハリンスク）へのわがパラシュート部隊の降下であった。この
　　ことを敵の陣営はまったく全く予期していなかったのだ。[6]

　豊原占領の「勝利の栄冠」は歩兵軍団にではなく降下部隊に与えられるというのだろうか?!

　真実はどうだったのか探索は続けられた。

降下部隊

A.M.ヴァシレフスキーが述べている豊原への降下部隊についての事実は驚

きを呼び起こした。というのは、このことについては誰もどこにも書いておら
ず、思い出してもいないからである。少数の諜報員のパラシュート降下につい
てだけはまれに述べられているが。[7] ロシア連邦防衛省中央アルヒーフが2000
年にある文書を公開したが、その重要性に鑑み省略せずに紹介したい。

　　　サハリン島南部の解放完了に関するソ連極東軍総司令官に対する第2極
　　東方面軍司令官の報告。1945年8月25日午前5時。

　　報告する：1945年8月24日から8月25日にかけての夜半、大泊港は第
　　113歩兵旅団により占領された。8月25日午前6時、大泊港にソヴェー
　　ツカヤ・ガヴァニ（大陸のソヴィエト湾）海軍基地の海兵隊が上陸した。

　　豊原と落合は8月24日17時40分、空挺部隊により占領された。

　　第16軍司令官は、作戦部隊と共に8月25日15時に移動する。

　　貴下より提起された南サハリン占領の課題は期限前に遂行された

　　　　　　　　署名　プルカーエフ、ルカーシン、シェフチェンコ[8]

　上記の文書ではそれぞれすべてがうまく説明されているようだ。豊原は空挺
部隊によって占領された！など。しかし、何か違うようだ！答はその同じアル
ヒーフで発見することができたのである。

　アルヒーフの資料によると、8月22日午後2時、北太平洋艦隊の空挺部隊
によって小能登呂の町と空港が占領された。[9] これと関連して第10空挺部隊
司令官によって空港守備大隊（БАО）の自動銃兵および後方建設部隊の陸戦隊
を落合、豊原、大泊の空港に上陸させ、これらの空港を占領して敵軍に空港を
破壊させないようにする決定がなされていたのだ。

　8月24日、これらの飛行場へ向けて乗員を乗せ1機ごとにV-100Aの無線
ステーションを装備したS-2航空機が送り出された。彼らに与えられた課題
は着陸後飛行場をくまなく見回って、以前から設置されている無線信号システ
ムにゾーン別の信号を与えて本体の降下を可能にすることであった。S-2機の
着陸後、彼らの信号によってSI-47型機3機がIaK-9機の掩護の下それぞれ
35名の降下部隊を乗せてサハリン島南部へと飛び立った。到着した降下部隊
は各空港を占領し、また空港の設備と自軍航空機受け入れに不可欠なシステム
すべてを整えた。同時にこれらの降下部隊は落合の飛行場に駐屯していた敵軍
守備隊700名の兵士と将校らの武装解除を行った。[10]

　歴史上のこのパズルはこうして起こったのであった。すなわち、降下部隊と
いうのはパラシュート部隊ではなかった、空挺部隊だったのだ。そしてこれら

の空挺部隊は落合と豊原の町を占領したのではなかった、これらの町の飛行場だけを占領したのであった。[11]

　しかし、ペンで書かれたものは、斧で打ち砕くことは出来ないのではなかろうか。総司令官ヴァシレフスキー元帥へのプルカーエフ将軍の報告では、第16軍の、いやより正確には第56歩兵軍団の豊原占領が果たした役割は明らかに矮小化されている。このような関係が叙勲の際にも見逃されていたのである。

叙勲の推挙

　1945年8月24日、第2極東方面軍司令官 M.A. プルカーエフ将軍は方面軍司令部および第16軍を含む兵団司令部要員のソ連邦上級勲章叙勲の上申書に署名した。ソ連邦最高勲章、レーニン賞は第2極東方面軍政治局長官 P.T. ルゥカーシン陸軍少将に授与された。第16軍司令官チェレミーソフ陸軍少将は「軍の戦闘行動の成功」に対してクットゥーゾフ1級勲章に推挙された。

　授与リストには次のように記されている：

　　　陸軍少将チェレミーソフ同志指揮下の第16軍団は、南サハリン、ポロナイスク峡谷の全く道なき条件の下内路方向へ進軍し、国境河川地帯に展開していた敵軍抗戦の長期にわたる重要地点を踏破、日本軍第125歩兵連隊をその強化部隊と共に撃破し、敵の領土奥深くへ25kmを6昼夜にわたって進軍、これによって南サハリンにおけるその後の日本軍の降伏実現を保障したのである。[12]

　第16軍団の大きな戦果をもたらした軍事行動に関する推挙の結論は、このテキストとは何かしら合致しない。実際、第56歩兵軍団の先遣部隊は、このころ既に豊原に入場していたからである。

豊原に翻った赤旗。第2日目

　1945年8月25日、第56歩兵軍団は困難を乗り越えて、島の南部へ到達した。ここにいたる5km～10kmの地域は道がなく、全く踏破困難な状況の中、個々の兵士たちは装備や機材を手で引っ張ってきたのであった。

　最大の望みをかけたのは鉄道利用だったが、「非常事態」でなければ使えなかった。午後3時30分、第79射撃師団部隊と共に後ろを走っていた汽車が

「我々は捕虜であることは認めない」と峯木中将（サハリン州国立歴史文書館）

転覆した。2人の兵士が死亡、10人が負傷した。[13]この状況で英雄的行動によって人命を救助したのは、第16軍第91砲兵中隊通信兵 S.R. ギチ軍曹だった。彼は汽車が転覆した際、自己の部隊とその資材を守り、重傷を負ったのである。[14]それにもかかわらず、鉄道の輸送列車に続いて第79歩兵師団第157歩兵連隊の2歩兵大隊がアリーモフ陸軍少将機動部隊の構成部隊として午後4時、豊原に入ったのである。[15]第79歩兵師団参謀部は東白浦（ヴズモーリエ）に停泊した。

　日本軍第88歩兵師団の主力部隊の武装解除が始まった。6,246名の将兵が捕虜になった。戦利品として大砲32、追撃砲14、自動車280、重機関銃30、軽機関銃100、ライフル銃2,800、馬500頭を押収した。[16]

　ソ連軍が豊原を占領して2日目が過ぎた。『樺太新聞』の記者がこの日豊原の市街で起こった出来事を次のように描写している。

　　　…ソ連兵進駐の第一日は市民の胸中に抱かれた一抹の不安を裏切って平穏に過ぎたのだ。街の一角にトラックが止まって子供の群がその廻りを取囲んでいる。二、三人の若いソ連兵が子供達の手を取って車上に引き上げている。そこには国境を越えた"子供と大人"にだけ通じる温かい気持ちが漂っている。子供を空中高く抱き上げると、子供はきゃっきゃっと喜

ぶ。大人の大きな手が小さな子供の手を取る…白旗と赤旗がはためく街には終日ソ連兵を乗せたトラックが縦横に走り、トラックを目指して子供たちが走っていく。街は“国際”の色が濃さを増していた…

『樺太新聞』1945年8月25日号一面、写真のキャプション：“和やかにソ連軍戦車進駐”（北海道立文書館）

…ゆっくり煙草に火をつけたソ連兵が歩き出す、「ズラステー！」記者は今朝覚えたばかりの単語で歩み寄った。“ズラステ！”ソ連兵士の顔に明るさが湧いた、呼びかけたものの覚えた単語はそれ一つ、あとは語る言葉もなく聞く事も出来ない、…ポケットからその日の新聞を出して進駐するソ連戦車部隊の写真を示した。[17]「おーぅ」兵士は胸を叩いて見入る、占領地ではじめて見る印刷された自分たちの姿がそこにあるのだ。兵士は記者の襟章をつまんで何か話しかけてくる、「君の職業は何か」と訊くのであろう、記者は新聞の題字と腕章の文字を一つ一つ指さして見せた、熱心に記者の指先を追っていた彼が「うんうん」とうなづいてまた早口に話しかける、「ジャーナリスト」という言葉が聞こえたので、うなづいて見せると兵士は大きな手をさし出して握手を求めた、兵士の親指には血で汚れた包帯がまかれている。彼らもやはり戦ってきた兵士だった、痛ましい気持ちでながめる記者の手を握る兵士の手は温かかった、「力を合わせて新たなる建設を始めよう！」そう語る温かさである。[18]

『樺太新聞』8月25日一面トップ記事は、ディヤーコノフ（新聞ではビアコノーフ）陸軍少将との間で調印された協定文書を掲載している。協定は樺太の日本人にとっては自分たちの安全を保障するものとして理解されており、樺太全土の市町村に伝達された。

新聞は協定の次の項目を掲載している。（新聞記事は原文のまま―訳者）

一、住民の保護についてはソ軍において十分保障するにつき徒に動揺することなく秩序を維持し軽挙妄動を慎むこと

一、市町村役場、警察署など各地の地方機関は現状の儘にて存置し住民の衣食住等の管理に遺憾なきを期すること

一、各種工場等の事業は停止せず住民は平生通りの正業に就くこと、特に金融業者、物品販売業者等は従来の業務に精励する事

一、鉄道は取敢ず平生通り運行しソ軍の到着地にありては乗車人員等その指示に拠って行うこと[19]

この同じ号の新聞で編集者が最近樺太で起こった出来事と創設された新しい権力について意見を述べている。

政府は戦争終結の新事態に処するため今回国民義勇隊解散の指令を出した。今や市民は平和な生活に復帰しなければならない。政府のこの指令は我が国のすべての地域に適用されるのである。樺太においては秩序の確立

にはソ連の司令部が当たっている。既に周知のとおり両軍間には戦闘停止
の協定が締結されている。島内ではもはや戦争の銃声は聞こえていない。
日本軍部隊の武装解除が行われており、兵士たちは自宅へと帰りつつある。
われわれは新しい生活が始まったことを考慮し、新しい政権機関を設立し
なければならない。国民の代表からなる政権機関が我々の生活の様々な分
野の諸問題を解決することができるだろう。新しい政権機関の設立、これ
が樺太全島民の願いである。もし、我々が援助を何処へ求めたらよいかを
理解しなければ、我々は見捨てられた生活を送ることになるだろう。そし
て我々を取り巻く環境も破壊され廃墟の儘となるだろう。われわれは団結
しなければならない。日本人社会は常に調和と相互扶助を誇ってきたので
はないか。最近起こったことは適切に受け止めなければならない。このこ
とから逃げてはいけない。とはいえ、このことで我々の生活が終わったわ
けではないのだ！社会における行動の規律を無視することを自己に許して
はならない。人間としての尊厳を失って、絶望し、生命を捨ててはならな
い。われわれは昨今の苦境を平静に克服していかなければならない。われ
われは将来に控えていることに対峙していく力を自己の内に見出すことが
できるのである。今社会には我々は敗戦国民だからという陰鬱な気分が支
配している、このことは我々を分断させ、我々が一つになった時にのみわ
れわれは強くなれのだということを忘れさせるのである。我々樺太の住民
は我々を助けることができるのは我々自身だけであることを理解しなけれ
ばならない。今の容易ではない時代に自分自身を見失ってはならないので
ある。この新しい時代を堂々と顔を上げて迎える必要がある、共に、隊伍
を詰めて進むのだ。我々日本人は決して苦難に屈服したことがないことを
思い出そう。(『樺太新聞』1945 年 8 月 25 日の社説、全文)[20]

8 月 26 日付『樺太新聞』は前日に続き樺太住民に対して次のように呼びか
けた。

　　　ソ連軍司令部は樺太住民の生活については十分に配慮している。われわ
　　れはこのことを理解し、ソ連司令部の指令を遂行すべく努力しなければな
　　らない。自分の町や村から逃げてきた者は自宅へ戻ることができる。住民
　　は皆落ち着いて平常生活にいそしんでもらいたい。各工場と工房の仕事を
　　再開すべきである。役所は仕事を始めているのだ。[21]

警備司令官アリーモフの課題

　ソ連赤軍には、指揮下の軍団が戦闘行動の過程で最初に住民居住地区に進軍した場合、その司令官がその地区の最初の警備司令官に任命されるという伝統があった。1945年4月、指揮下の軍団がドイツの首都ベルリンの中心部分を成功裡に占領したベルザーリン大将は、この伝統に従ってベルリンの最初のソ連警備司令官に任命されたのであった。

　1945年8月24日、日本領樺太の首都豊原に入ったのは、かつてハサン湖地区（張鼓峰）の戦闘で同じ連隊で共に戦ったN.E.ベルザーリンの戦友であるアリーモフ陸軍少将指揮下の機動部隊だった。したがって豊原地区軍警備司令官にM.V.アリーモフが任命されたのは正に当然であった。

　軍司令部は軍隊が進軍してきた樺太の市町村にしかるべき秩序を早急に確立し、維持する目的で設立されたものである。軍司令官は軍民権力の最初の代表者としてソ連軍進駐と共に樺太の市町村に導入されたすべての経済的、政治的、文化的生活を統括した。

　特に注意が払われたのは住民の生活保障問題と企業活動再開であった。同時に樺太の軍司令部が最も重要な第一の課題としたのは避難民問題の解決だった。1945年1月における豊原の人口は38,385人だった。それが、同年8月14日には43,900人となっていた。戦闘行動が行われている期間にここ豊原に南サハリンの北部地区から逃れてきた住民は22,000人となっていたが、豊原からは約10,000人が緊急疎開で北海道へと渡っていた。[22]　いずれにしても豊原は人口過剰となっており、食糧不足の問題が生じていた。その他に豊原には毎日新たにソ連軍部隊が到着していたのだ。

　8月29日、『樺太新聞』は知取へ帰っていった避難民のことを読者に伝えている。

> 　ソ連軍司令部の指示により、知取から豊原へ来ている避難民は帰宅のため8月28日から鉄道による出発が始まった。知取から来ていた避難民は3グループに分けられ、列車を準備し送り返す予定である。車両が足りない場合は追加の車両が提供されるだろう。[23]

　避難民で一番長期にわたって豊原に残っていたのは元真岡の住民で、約3,000人いたが、9月の初めには元の居住地へ送り返された。宝台地区の鉄道が戦闘時に破損したためその修理に約1週間かかったのである。[24]

豊原における日本人捕虜たちの復興作業（サハリン州郷土博物館蔵）

　軍司令部が行った施策は次第にその効果を表した。1945 年 9 月 1 日、豊原に残っていたのは 32,905 人だが、そのうち約 7,000 人は樺太の西海岸と北部から来た避難民だった。[25]

　8 月 26 日、東白浦から機関車で豊原に到着した A.N. ルイシコーフは、多くの住民が活発に自転車で往き来しており、左側通行仕様の「シボレー」社の自動車が時々走っている街の様子を見た。交差点ではサーベルを下げ、白い手袋にゴム製の棍棒を持った日本人の警官が立っていた。A.N. ルイシコーフはソ連人の女子警官たちとも出会った。時々通りをオートバイに乗った警官が走り回っていた。[26]

　「街は沸き立っていて、ハチの巣箱を思い起こさせた。」A.N. ルイシコーフは書いている。「駅だけでなく、駅に沿った通りにも活発に動き回る人々があふれていた。どこの家にも二つの旗が掲げられていた。白い旗は降伏、赤い旗はソ連軍歓迎の旗である。駅は 2 階建ての建物だったが、弾丸の後で穴だらけになっていた。」[27]

　豊原の町は日本軍隊の降伏の中心地のひとつとなった。日本の軍人たちは通りを行進してきて、駅前の広場に武器の山を築いた。その後兵士たちはゴム工場がある地区の捕虜収容所に送られた。[28] そこには 5,000 人以上が収容されていた。

日本の兵士たちは、最初のころ自分たちを捕虜とは見做しておらず、収容所から出ていこうとした。ミロネンコ大尉は思い出を語っている。

　　大きな建物の増築部分に収容されていた百人以上の日本の兵士たちが、夕方になると警備兵が居なくなるのに気づいて、夜中に組織立って出口の方へ出ていった。ところが、ここで彼らは突然警戒線を巡らしていたわが軍の包囲部隊に出くわしたのである。われわれは彼らのおかれている状況を説明して、穏やかに彼らを就寝させたのだった。捕虜と面会に来たり、何か届け物を持ってきたりする地元の住民に警備兵たちは非常に丁寧に応対した。願い事を注意深く聞いて、我々の法律を忍耐強く説明していた。将校たちは兵士たちとは別々に収容されており、待遇も良かった。彼らには制服着用が許され、23時まで町へ外出する権利もあたえられていた。(29)

8月27日、陸軍少将アリーモフは企業の生産復活と生産量の増加を求める命令を出した。この命令は『樺太新聞』に掲載され、次のように公告された。

　樺太ソ連軍司令部の命令

　1. 鉄、工、農、林、水産その他の生産事業の前面に亘り従前に倍して生産力の向上を図ること

　2. 各工場の従業員にして目下業務を離れている者は即刻復帰し職場を護ること、特に炭礦においては出炭増加に努力し各工場原料、燃料を確保せよ

　3. 労働賃金は従前通り確保する

　4. 各綜合配給所は従前通り継続せよ、その開所時間は追て命令するが、現在は従前通り日中のみ開所すること(30)

『樺太新聞』のこの同じ号にソ連司令部からの指令は絶対に実行すべきであるという新聞編集部からの樺太住民に対する呼びかけが掲載された。

　[社説]欲求を満たす施設を講ぜよ：人口の急激に膨張した豊原市に一日も早く施設を講じてもらいたいのは各種商店の開設による日用物資の供給と、娯楽機関の設置による慰安享楽の提供とである。

　　それはひとり罹災者に対する慰安を目途とするのみでなく、駐屯するソ連軍兵士に対するものでもある。現にこれらソ連兵はめざす首都豊原市をあたかも満洲におけるハルビンの如くにあこがれて来たらしく、キタイスカヤ街の繁華を偲んで様々な商品をここで求めんとしているようである。而も遥々来てみれば案に相違して商店と言うものは殆どなく、求めんとする物は何一つ得られない失望にまず幻滅の悲哀を感じその結果が一般住宅

をめざすに立ち至ったのである。モスクワから従軍してきたタス通信のカメラマンのごときは、一本の写真フィルムを入手する術なく本社へ分譲を申し込んできたが、況んや一般兵士が食を求め、享楽を欲するのはむしろ当然といってよいであろう。

これを思えば当局は期を逸せず進んでこれらの欲求を満たすべく、急速にその施策を講ずることが一般住民を不安から救うのみならず、治安維持を全うする賢明の策と言うことができる。尤もソ連側ではゲー・ペー・ウーをして軍を監視せしめ、軍紀の粛正を期しているが、それはそれとしてわが当局としてはむしろ彼らに先手を打つ政治の妙味を発揮すべきであろう。豊原市に撞球場や麻雀クラブ等を復活するのも一方法であろうが、州民に対する施策は二の次として、まず彼らのために考えるべきである。

事実ソ連軍側の物資要求は各部隊思い思いになされるために当局も応接に暇なき状態であるが、これを一手に引き受けて融通按排するために一機関が設けられたようである。これも当面の必要からできたもので結構だが、願わくばこの機関が兵士をして各家庭を訪問しなくてすむような具合に臨機積極的な活動をしてもらいたいものである。即ち現在彼等の欲求するシャツ、時計、万年筆、シャープ等々の日用品やウイスキー、酒、タバコ等の嗜好品を提供する商店を開設するとともに、彼らの享楽を満たすべきキャバレー、バー等を作ってやったらどうか。それは敗戦前の業者を駆り集めれば敢て実現を不可能としないであろう。

一方各地からきた避難者に就いてはすでに地方町村役場や警察署の復活を認められたのであるから、至急各自の家に復帰せしむべきである。これらの人たちが配給される主食物に満足できず、市民の畑へ出掛けるのはソ連兵士の欲求と全く同じ動機に基づくものである。これがため市民は現に二重、三重の苦痛を受けているので、最初のうちの親切も今では次第に迷惑と変じつつあり、このままでは恐らく今冬の越年物資は皆無となるほかないであろう。当局はここにも急速に対処策を持たねばならぬ責務を有するものと信ずる。[31]

また同時に新聞の同じ号には「司令部との会話」というタイトルで以下の記事が掲載されている。

［乱暴者は厳重処罰—兵士の服装もいまに綺麗になる—進駐軍司令官の話］
「トヨハラは立派な文化都市です、しかし…」と一人の赤軍将校が語った。

進駐軍司令官が大津長官以下樺太庁首脳者と会見中の一ときである。トヨハラは中々立派な文化都市で思いがけなかった感じです。しかし豊かな生活をしている人のすぐ附近に貧しそうな人が沢山住んでいるのがわれわれには眼につきました。ソ連兵士の中で乱暴なことをする者は厳重に処罰します。そういう者はもしいても極めて少数で、少数の乱暴者がいるのはどこの国でもあることです。それは決して全部の意志ではありません。不安なことの起こらないように十分戒めますが、住民の人々もよく理解して下さい。

　ソ連兵士が汚れた服装を着ているのは、戦争を続けてきたそのままだからです。綺麗な服装は各自が携行しています。落ち着いたらすっかり着替えて街を美しく彩るでしょう」と語ってニッコリ笑った、そして「日本の民衆の服装はずい分貧しげではないか」との反問に「それは空襲や戦火に追われてきた避難者たちだからです」と説明すると「そうであったか」と深くうなづいていた。その後微笑を浮かべて、「我々の制服は日本の服装とずいぶん違うのですね。私は考えるのですが、これからどちらもより良い方へ変わっていくのではないでしょうか」(32)

ソ連の軍人たちはどのようにして火事を消したか

　樺太の市町村では火事は珍しくなかった。そして火事は樺太の経済と住民にかなり大きな損害をもたらした。いったん火事になると日本の脆弱な木造の建物は一瞬にして燃え上がってしまうのだった。また、火事で人々が死亡することもあった。そういう悲劇的な例が1943年11月24日知取の町で起こっている。この火事では小学校の建物が燃えて、23人の生徒たちが犠牲になったのであった。

　火事は1945年8月にも連続的に起こっている。特に豊原では頻繁に起こった。時には偶然と言えない火事もあった。また、日本の消防隊が、急行して火事を消すことをしないという例も目立っていた。8月26日夜、豊原で火事が起こった。神社通り（現コミュニスチーチェスキー大通り）の個人の家が1軒火事になったのだ。この火事の知らせはすぐ近隣の家々に伝わった。人々が火事の現場に駆け付けた。しかし、火勢は強く手が出せなかった。だから人々はただ立って火事を眺めていた。

　「その時、燃えている家のそばにソ連の兵士たちが現れた」『樺太新聞』が伝

えている。「彼らは遅れて到着した消防隊員のところへ駆け寄って、巻き付いたホースを外すのを手伝い、自らホースの端を掴んで消防隊員にかまわず火に向かって水をかけ始めた。やがて火を消し止めることができたのである。」[33]

『樺太新聞』最終号の発刊

　『樺太新聞』の最終号は1945年８月29日に発行された。樺太の一般住民にとって容易ではなかった時期に樺太庁のこの主要な新聞の編集局は星野龍猪[34]を先頭に実にしっかりとプロとしての仕事をしていた。そして、ソ連当局に対しては、少なくとも表面的には忠実な姿勢を示していた。

　仕事の面では当時の非常に困難な状況にもかかわらず、新聞は住民に対してきちんと日々の出来事を知らせ、また、平穏を保ち、それぞれの持ち場で自分の仕事を続けるように呼びかけていた。全体として、新聞はソ連司令部にとって必要な軌道へ世論を形成し、住民の気分を制御していた。避難民に関する仕事にも大いなる注意を向けていた。新聞にはそれぞれの避難所についての情報があり、避難民の安全に関する指示なども掲載していた。

　８月26日、新聞に「惨烈を極めた原子爆弾、広島市の状況を科学的研究」という見出しの記事が掲載された。８月29日付新聞は編集部から樺太住民へのいつもの呼びかけを載せていた。

　　"起とう生産増強へ！赤軍司令官の配慮に応えよ"

　　　今は正に牧草飼料準備に専念する時期である。ソ軍兵士たちも自分たちのために牧草刈りの作業を始めている。しかし、われわれ島民も家畜用飼料を準備する作業に加わる必要がある。もし、われわれが無為にぶらぶら過ごしていたら、島の牧畜業は大いなる問題にぶつかるだろう、そして住民を待っているのは飢餓であろう。手に鎌を取らなければならない！

　　　工場群がまっている。企業の指導層は自己の持ち場に帰って企業の事業を再建すべきである！もし、我々がこのことをやらなければ、日本人は怠け者とみなされるだろう。また、日本の指導者たちは無責任だとされるだろう。そんなことで良いのだろうか？隣国の人々は我々のことを案じてくれている。そのことは有難くおもうべきである。われわれは非常に誇りにしている本来の性格を示さなければならない。われわれには誇りがないというのだろうか？われわれはソ連統治に対して友好的関係を打建てる必要

がある。ソ連軍兵士たちは我々に侮蔑的に対すべきではない、樺太における生活はその住民個々人に掛かっているのである。⁽³⁵⁾

興味深いことに、『樺太新聞』の8月28日と29日号には「ロシア語小単語帳」が掲載されている。ここには親族関係（母、父、妻）を説明するための単語と、時間、数字、基本的動詞、疑問代名詞の用語等々が説明されていた。

8月29日に発行された「樺太新聞」が最終号となった。そして編集長星野龍猪はやがて反ソヴェート活動の嫌疑で逮捕、拘禁された。

地区警備司令部

9月1日、内路で発せられた第56歩兵軍団に関する命令№.0223によってソ連軍部隊が解放した市町村に軍編成の警備司令部が設立された。内路、敷香、元泊、落合、栄浜、東白浦、知取の町村に2級司令部が、恵須取、新間、真縫、馬郡丹、東柵丹、上恵須取、久春内、羽成には3級司令部が置かれた。2級町村の司令官は衛成司令部定員21名を持つ連隊司令官の権利が与えられた。3級町村の司令官は17名定員の大隊司令官の権利が与えられた。⁽³⁶⁾第2極東方面軍第56歩兵軍団指揮官の命令に従って部隊は野田—栄浜線（チェーホフース

地元住民たちと話すソ連軍人

108

タロドープスコエ）の南を通過して第 87 歩兵軍団部隊と交代した。[37]

　1945 年 9 月 1 日、第 79 歩兵師団は落合（現在のドーリンスク）に居た。この日、師団司令官による命令「守備隊における警戒心を高め秩序回復を目指すべきこと」が出された。この命令には次のように述べられている。

　　　1945 年 8 月 23 日夜、個々の兵士と将校の油断の結果、知取の町で 4 名の赤軍兵士が破壊工作員によって殺害された。彼らは武器を持たずに水を汲みに行ったのである。あちこちの市町村には多数の日本軍兵士や将校が一般人の服装に着替えていて、今日まで捕虜になっていない。また、警官も捕虜にならずに今日まで刀を所持したまま自由に暮らしている。市町村の警備司令官は住民からの刀剣、銃器、ラジオ受信機等の回収を徐々に行っているが、地域住民の登録は完全には行われていない。また、捕虜の管理も十分ではない…[38]

　命令は部隊司令部と市町村の警備司令官全員に警戒心を高め、破壊工作や殺人が起こらないように土地の住民のために厳格な体制を築くよう要求している。[39]

内　路（2）

　第 2 独立歩兵旅団（自動銃兵独立大隊を除く）は内路に到達した。内路の司令官第 2 独立歩兵旅団第 4 大隊司令官 M.P. キリィロフ少佐の回想によると、

　　　われわれの軍団が内路を占領した時、ここでは至る所に破壊された跡が認められた。町は空っぽだった。住民は全部町の役場によって南部へと追い出されたのだ。隣町 S. の上空に火事の赤黒い炎の照り返しが立ち上っていた。これは森に隠れていた日本人の破壊工作員たちが放火したものだった。

　　　第 2 日目に町には日本人の子供連れの女性と老人のグループが出てきた。守備隊長マハレフ曹長が彼らに通訳を通じて〝赤軍は偉大な解放事業という使命を果たし、寛大な心で土地の住民に接している。皆さんは森林に隠れることなく、平穏に自分たちの家で暮らすように〟と説明した。彼らは、全員がこの土地の住民ではなく、遠い北部の村々からも来ていたのだ。司令部では住民の登録が行われ、彼らがここで暮らせるように子供の多い家族の大部分に家を割り当てた。また、避難して行った人たちが残し

たそれぞれの家の財産はそのまま全部残しておくように警告された。

　ラネツキー同志が所長を務める収容所では捕虜の数が日ごとに増えていった。ところが今度は、町から４キロほど離れた山地にいた日本人の破壊分子のグループがわが軍騎兵斥候隊に発砲したのである。そこでこの一味を捕獲するため１分隊が出発した。わが軍の兵士たちは護衛隊と共に日本軍兵士を労働の場へ送り届けた。捕虜の数は既に2,000名までに増大していた。我々はすべての倉庫と重要な施設を保護下において警備兵を配置し、町の交通網を整備した。収容所では捕虜たちに１日３食を与え、住民が土地の食料品で賄えるように家庭菜園の作物をすべて利用する許可を与えた。町の住民は我々が行う行事には好意的に対処してくれた。町の清掃作業、道路や通信の修復作業には進んで参加してくれた。[(40)]

シリトリア（知取の里）

第165歩兵連隊は白浦（ウズモーリエ）の町まで到達した。連隊の教宣部員V.A.クリヴォグーゾフ大尉は思い出を語っている。

　内路より先への我々の進軍は、編成された鉄道輸送列車で続けられた。途上で我々は土地の住民に出会った。日本人の大人たちは何故か軍服か半軍服のようなものを着ていた。彼らは皆穏やかにしげしげと我々ソ連人の一挙手一投足を見ており、話す言葉に注意を向けていた。兵士たちは日本の住民に対して、比較的自制心をもって振る舞っていた。われわれ政治部員は、兵士たちに母国外の他の国家の住民の間に居るのだから、ソヴェート国家の市民であり、兵士としての名誉を高く保持しなければならないと説明していた。白浦の町には1945年9月3日に到達していた。

　やがてわが連隊は、知取庁警備の任務につくために残った第３大隊以外はオノールへ帰ることになり、既に古屯へ到達していた。みな大変喜んでいた。何といっても明日以降には自分の肉親、家族に会えるのだから。私自身は、師団政治局長セルジューク大佐の命令により知取に戻らなければならなくなった。そこで第３大隊司令部を支援して職員と共に政治学習を行う体制を整えなければならなかったのだ。知取では記念の写真撮影が行われた。[(41)]

「約１月の間、私は知取の町の司令官でした。」第３大隊のかつての副司令官

I.I. シャドリン中尉[42]は回想している。「我々はカリーニン大尉と共に街に到達後2日目に貯蔵食糧品の調査登録を行い、温和な住民への配給を行いました…」[43]

1945年9月3日、知取にミハイル・ザイツェフ[44]が出張でやって来た。彼はその少し前、アニワ湾ソ連上陸部隊の一員として上陸作戦に加わったのである。知取に来た目的は「敵の兵士一人たりとも見逃さず、一刻も早くわが軍に敵軍の壊滅を完了する可能性を与えることだった。」[45] 40年が過ぎてからM.I. ザイツェフは回想している。

> 豊原から知取まで蒸気機関車で1昼夜かかった。蒸気機関車に2両の客車だった。へとへとになって目的地へ着いた。私と同志に割り当てられた出張先は大変小さな町だった。町はまっすぐな通りがあり、木々に覆われた低い山に囲まれていた。しかし、この風景を損なっていたのは、石造りの建物がないことだった。いたるところが平屋か、2階建ての木造の家で、バラック、バラック…の連らなりだったことだ。そして、一面がレンガ造りの煙突の林だった。陰鬱な灰色の町の景観は、町を取り囲む自然の風景と際立ったコントラストをなしていた。繊維・製紙工場は操業を停止していた。[46]

兵士たちはこの町を"シリトリア"（知取の里）と名付けた。

栄　浜

第284砲兵連隊は栄浜（スタロドゥプスコエ）の町まで到達した。L.M. ジョーミンは回想録で述べている。

> わが軍の進軍は海岸沿いの小さな町栄浜で完了した。ここは水量豊かなナイバ川の河口に近く、鉄道支線の引き込み線のところにあった。この町は現在はスタラドゥープスコエとなっている。わが砲兵連隊は栄浜の守備隊となり、ネヒムチュックが守備隊長となった。連隊副司令官の一人が軍司令官に任命された。軍司令官には若い通訳が付けられた。彼はブリヤート人でもヤクート人でもないが、地元の人たちは彼を自分たちの同族の人として受け入れていた。
>
> 司令官にはいろいろと多くの配慮すべきことがあった。平和な生活を築き、通常の商業、漁業工場、電話局、発電所の仕事を復活させ、住民に仕事と稼ぎ場を保障すること、何より重要なことは、ソ連の軍政府に対して

恐れや不信感を抱く理由は全くないことを住民に納得させることなどで
あった。司令官少佐は話し合いのために商店、工房、公共サービス業の経
営者たちを招いた。私は司令官が行った政治教程ともいうべき初級講座を
聴く証人となったわけだ。

"我々は日本の人民と戦ったのではなく、日本帝国主義と戦ったのです
──少佐は忍耐強く説明していた──あなた方に行われていた日本の公
的なプロパガンダはあなた方を欺いていたのです。日本の一般の人々に対
して我々には少しの悪巧みもありませんし、また、あり得ないのです。平
和な生活を築くために双方でお互いに協力しようではありませんか。あな
た方の店を、床屋を、工房を開いてください。以前やっていたように再開
してください…" 不信感の氷は徐々に溶けていった。町の住民は卑屈な
へつらいの気持ち、恐怖心から解放されていき、司令部にやって来て、願
い事をしたり、何か役に立ちたいと言うのだった…[47]

ソ連の将校たちには日本人の友人が現れるようになった。レフ・ジョーミン
は時計店のシゲキと友達になった。「彼とおしゃべりしていると、普通の日本
人は戦争を繰り返したくない、ソ連と日本との敵対関係を望んでいないことが
確信できた」とジョーミンは回想している。[48]

軍事専門家の提言

サハリンの南部を占領した後、突然「何をなすべきか？」という問題が起こっ
た。南サハリン（樺太）と日本との経済関係が切断されたことは、サハリン島
南部における工業生産の完全停止という脅威を創出していた。従来の樺太はほ
とんど1カ月にわたってアナーキーな状態となった。豊原の町では酒類の大量
の備蓄（約20万2457デカリットル）が多くの軍部隊での乱痴気騒ぎを、泥酔、
勝手なふるまいを巻き起こした。食糧品、様々な物品、資材、公共サービスな
ど、すべてのものがソ連軍人だけでなく、日本人住民にも無償で提供された。
鉄道、発電所、水道事業以外の軽工場、重工場、商店、種々の施設の大部分が、
営業を停止するか、非常に稀にしか稼働していなかった。

ソ連の軍人たちには彼らが自分たちの領土に進駐したのだということ、また
すべての経済分野がソヴェート国家の物になっていることが十分には説明され
ていなかった。このことから個々の分隊、司令部の軍人、兵士がむやみに企業

や学校などの教育施設、また寺院などを破壊したり、設備、資材、組織や個人
の財産の略奪や破壊が行われたのであった。[49] それにもかかわらず、この混乱
した状況からの立て直しの最初の提案は正に軍部からなされたのである。

1945 年 9 月 15 日、軍の専門家のグループ、その中にはボシシャノフ大尉、
ペトロフ少佐、ヤストレボフ少佐が加わっていたが、次のような対策が提案さ
れた。

　1. それぞれの仕事を復活し、正常化するために、一時的に日本の行政組織、
　技能、技術者、労働力を利用する。既に彼らのうちの多くの者が南サハリ
　ンに残りたいという希望を表明し、仕事の正常化のために自分たちが尽力
　することを提案している。

　2. 全産業の操業開始と食糧品の配給を統括するため、ソ連邦ロシア共和
　国人民委員代表から成る国家委員会を設立する。将来は南サハリン州を設
　立する。

　3. 現在流通している日本通貨（円）のソ連邦通貨への変換を実施する。

　4. 日本住民だけでなく、わが軍の軍人たちによる食料品と工業製品の横
　領と産業設備や食料品、貴重な財貨を何らの統制もなく大陸へ持ち出すこ
　とに対する緊急の措置をとること。

　5. 小麦とヒキワリ 1 万トン〜 1 万 5 千トンを南サハリンへの配送依頼に
　関ししかるべき処置を講ずる。当地の保有量は 1 〜 2 か月分しかないから
　である。[50]

アリーモフとクリューコフ

1945 年 9 月 17 日、南サハリンの豊原にソ
連邦元帥 A.M. ヴァシレフスキーと第 2 極東
方面軍上級大将 M.A. ブルカーエフ率いる将
官団が到着した。同時に彼らと共に南サハリ
ンに民事政権を組織するため 10 名の部下を
連れて D.N. クリューコフが到着した。彼は
それまでハバロフスク地方執行委員会副議長
の地位にあった。

クリューコフはサハリンの経済の特色を良

南サハリン州民政局長官 D.H. クリューコフ

く知っていた。1930 年代半ば、彼はキーロフ地区にサハリン州農業試験総合ステーションを組織、建設した。また、1938 年からはサハリン州執行委員会副議長および州計画委員会議長として働いた。1940 年〜 1944 年にはサハリン州執行委員会議長を務めた。

　豊原の飛行場にはサハリン島に駐屯している兵団の司令官たちが到着した一行を出迎えた。広場ではオーケストラの演奏のうちに儀仗兵たちが立ち並び、豊原地区司令官アリーモフ陸軍少将が町の状況について簡略に報告を行った。既に飛行場においてクリューコフとアリーモフの間で最初に諍いが起こっていた。D.N. クリューコフの回想録から。

　　ヴァシレフスキー、プルカーエフ、レオーノフは車に乗って用意してあった方面軍参謀部の宿舎へ向かった。それはまだ完成していない樺太庁の大きな建物だった。ところが、われわれのためにはどんな建物もなかった。司令官、アリーモフのところへ行ってどこに司令部がおかれているかを訊ねることにする。民政局職員となる私の部下 10 名と共にヴィリス（アメリカ製のジープ型乗用車）に乗り込み、参謀部へ向かう。2 階建ての木造の建物で数個の部屋がある。アリーモフに宣言する：“ああ、ここですね。私たちは当面ここに落ち着くことにします。”アリーモフが訊ねる：“じゃあ、軍司令部はどうなるのかね？”私は答える：“軍司令部は間もなく廃止されるのです。町に関する仕事はソ連の市長、民政局の部長に引き継いでください。ですから、司令官としては当面どこか他の場所に移っていただくよう願います。”　すると、アリーモフは言い争うような口調となった。彼は将軍、私は大佐だ。そこで私は “では、プルカーエフ同志に相談してください。”と言った。プルカーエフはすぐにアリーモフに大目玉をくらわした：“電報を打っておいたのに、どうして民政局のために建物を用意しなかったのかね？”レオーノフもその後私に詫びた。そこで私はすぐにアリーモフに聞いた：“ところで、ここには良いホテルがありますか？”大変良いホテルが二つあることが分かった。一つは司令官たちとミコヤンのために用意され、もう一つは予備ということだった。そこで我々は再び車に乗ってその予備のホテルへ向かった…[51]

　丸 1 日経ってから、クリューコフが催促して軍司令部の建物は明け渡された。その建物にその後民政局が置かれた。[52]

　クリューコフはこの建物では今や誰が主人なのかを明確に態度で示した。と

はいえ、軍司令部が廃止されたのはまだかなり先のことだった。しかし、D.N.ク
リューコフは彼に与えられた全権とA.M.ヴァシレフスキーの存在を利用して
攻勢に出た。南サハリン滞在第1日目にD.N.クリューコフはA.M.ヴァシレ
フスキーとの協議の後、M.A.プルカーエフに自分の地位を彼の副官であり、
南サハリンの州民政統治部局の代表であると明言した。D.N.クリューコフは
自分の回想録で述べている。

> まず最初にプルカーエフ同志との間で込み入った話し合いが行われた。
> この会談でヴァシレフスキー同志とレオーノフ同志は私を支持した。私は市町
> 村の軍司令部ができるだけはやく民政局の指揮下に入るように、また、可能性
> のある市町村には民政部を組織して軍司令部を廃止するように懇請した。[53]

クリューコフは「部隊司令官チェレミーソフ将軍と豊原市軍司令官アリーモ
フは倉庫で見つかった貯蔵食糧品を勝手につぶして、元の居住地に帰らずに
残っている日本人住民全員を養っている」と指摘して、再々アリーモフの行動
を批判し、攻撃した。[54]

1945年9月18日、I.V.スターリンの個人的指示により、民政局設立、産業
諸問題の解決の課題をもってソ連邦人民委員会議副議長A.I.ミコヤンが豊原
に到着した。その前夜、9月15日、ミコヤン出席の下ハバロフスクで行われ
た会議で、参謀部が豊原に設立されている極東軍管区付属の南サハリン民政局

南サハリンにやって来たA.I.ミコヤンとA.M.ヴァシレフスキー一行

の創設が決定された。この決定には A.M. ヴァシレフスキーも寄与している。ヴァシレフスキーは A.I. ミコヤンに対し、民政局の経験もなく、また土地の住民の言語・日本語を知らない軍人は、南サハリンとクリール諸島において多くの困難をなめざるを得ないだろうと語ったという。(55)

9月20日、D.N. クリューコフは A.I. ミコヤンと A.M. ヴァシレフスキーとの会談で南サハリンに行政組織を設立する原案を検討した。提案された州民政局の機構に、民事関係の方面軍司令部副官が入り、この副官に5つの管区の民政署が統括されることになった。42の村ソヴェートの民政部の機能は、郡と州の民政局の管轄下におかれるこれらの地区の軍司令官によって遂行されなければならないのである。

やむを得ない期間に限って一時的に日本の町村役場の機関を存続させ、民政局の作業機関とみなすことが提案された。こうして町村には役場が残されたのである。

クリューコフの提案は基本的には採択された。しかし、樺太の行政機構システムにあった管区（「支庁」）の代わりに11地区の設置が決定した。(56)

クリューコフが要求したように、町と地区の軍司令官は民事に関しては民政局長官であり、極東方面軍副司令官としての彼、クリューコフの指揮下に入ったのである。このシステムは軍人たちにとっては不都合なものであった。そこで M.A. プルカーエフは都市と大きな町村における軍司令部を廃止してすべての事案をその地区の民政署に委ねるようにする許可を A.I. ミコヤンと A.M. ヴァシレフスキーに求めた。これに対しクリューコフは断固として反対した。「民政局はいまのところまだ書面上の計画に過ぎません。どうか軍司令部はまだそのまま残しておいてください。来島予定の共産党員をまだ各民政署に任命できないでいるからです。それができるまでには約3か月はかかるでしょう。」ミコヤンはクリューコフに同意し、軍司令部を存続させた。(57)

しかし、軍司令官は交代させられた。第56歩兵軍団分隊出身の将校に代わって、大陸から到着した将校が軍司令官になった。真岡地区の軍司令官には Ia.A. アファナーシエフ中佐が任命され、敷香地区には G.I. クレシショフ中佐、恵須取地区には Ia.A. ボンクウロフ中佐、大泊地区には A.I. ガルブゾフ中佐、落合地区には G.F. クウチマ中佐(58)がそれぞれ任命された。知取地区と町の軍司令官には D.V. クルィロフ少佐(59)が付いた。豊原地域の軍司令官の地位だけは、アリーモフ陸軍少将が引き続き任命された。

クリューコフは回想している。「９月 22 日、全市と全地区の軍司令官が任命された。司令官たちが加わり、支援を受けて、我々は全力を挙げてすべての組織と機関・施設の正常な活動を復活させ、社会秩序を乱す者への強力な闘争を行う活動を始めた。ようやく 10 月の初めにかけて食糧品、公共のサービス、交通料金、燃料等の無償供給を停止することができた。」[60]

1945 年９月 23 日、日本の占領から解放されたサハリン南部に行政・経済の指導機能を実現するために、第２極東方面軍軍事会議に付属した「南サハリン民政局」が創設された。[61] 民政局創設は、1945 年９月 24 日付で第２極東軍司令官命令によって正式に発足した。

軍事行動から平和な生活へ移行する状況の中で、民政局には社会秩序の保障、国有化、工業、交通、商業、農業の正常な活動組織を準備すること、公共サービスや日常生活に必要な設備を整備すること、住民の登録、戦利品財産の登録と分配、国民教育、保健、文化機関の指導、旧戦闘地帯における生活条件の整備…すべてをソ連の法律導入によって行うこと。南サハリンには 11 の地区が決められた。それはかつての国境から東海岸に沿って、その後西海岸に沿って数えられる－つまり、敷香、知取、落合、豊原、大泊、留多加、本斗、真岡、泊居、恵須取、名好である。[62] クリール諸島には３地区が設けられた。

軍司令官たちの公式報告が極東軍管区の軍事会議で報告された。ソ連邦英雄であり、軍事会議委員の N.I. リャポソフ陸軍少将を議長として 1945 年 11 月初めに行われたこの会議では真岡と恵須取の軍司令官の公式報告が行われた。注目されたのは敷香管区では炭鉱とセメント工場が稼動していないことだった。また、知取の炭鉱には水が流入していること、食料品は４〜５ヶ月分は確保されていることが記録されている。[63]

また、豊原管区警備司令官アリーモフ陸軍少将は生活物資関連企業について報告を行っている。クリューコフ大佐によって指摘された第一義的課題の中では次の点が挙げられていた：応急修理隊の設立（電気、水道、通信関係）、都市間の通信の復興、公共料金徴収の再開、企業資産の所有者への返還など。そして民政局長官は軍隊を批判することを忘れなかった。すなわち、「兵士の同志たちから自転車を取り上げて、住民に返すように」と提案していたのだ。[64]

しかし、この会議でクリューコフが軍事会議委員に注意を促した主要な問題は効果の上がらない民政局の状況だった。

クリューコフは以下のように述べた。

民政組織のすべての責務は軍司令官が遂行しています。行政（統治）をすべてこの手に掴まなければなりません。スターリン同志の指示に拠ってすべての企業、すべての個人経営の会社は操業しなければなりません。したがって、今状況を見極めて、工業企業の正常な活動整備のためにすべてを行わなければならない。また、個々の場合について、工業企業の原料を保障する問題は各管区間で再分配を行うことで解決されるはずです。主要な害悪は、日本人が働かないことです。そういう人たちはサボタージュとして最も厳しい手段に訴えて働かせるべきです。工業企業の労働問題は、やむを得ぬ場合には捕虜を使うことで解決することを考えなければならない…(65)

民政局と樺太庁長官大津敏男を含む日本の行政局との相互関係は、ソ連民政局の統括と指示による命令によって決められた。民政局の指令は大津長官がサインして伝達され、それを日本語にして自分の名前で命令が出された。1945年9月26日、大津敏男に与えられた最初の指令は13点の命令を含んでおり、全民政署を含め、工業、商業、公共施設の正常な業務復興と銀行、税務機関、通信、消防署の再開、全播種農作物の時宜にかなった収穫の保障、住民居住地における清掃作業を組織することなどであった。労働を回避する人間はすべて戦時法による刑事責任を問われるとした。(66)

指令第1号は民政局長官クリューコフと地区軍司令官アリーモフ2人の署名によって出された。しかし、それ以後の大津長官への指令はクリューコフ1人の署名によった。

大津長官に対しては全部で16の様々な指令が出されている。(67)

南サハリンにおける生活全般は徐々に落ち着いたものになった。住民は自分の家へ帰ってきた。森に隠れていた人々もいたのだ。住民は自分のこれから先の運命に確信が持てなかったが、大多数の者は戦争によって破壊された経済を復興するために一生懸命働こうと話していた。

戦後、それぞれの人生

1945年8月、知取の町で出会い、樺太における戦争を停止させた人たちのその後の人生はどのように経過したのだろうか？

知取協定の「共同執筆者」であり、豊原の最初の軍司令官となったM.V.アリーモフ陸軍少将は、サハリンでの奉職を続け、1946年5月まで第56歩兵軍団の

副司令官であった。1947年〜1950年にはモスクワのK.E.ヴォロシーロフ記念アカデミー上級講座を修了した後、第2歩兵旅団、赤星クトゥーゾフ勲章第98スヴィルスコイ近衛空挺部隊の司令官を務めた。1950年からヴォローネシ軍管区軍事体育訓練部の長官としての勤務に移った。その後もヴォローネシに住んだ。[68] M.V.アリーモフを記念して、ユジノ・サハリンスクの通りの一つにその名が冠せられている。

A.M.シシェカール大佐は第2独立歩兵旅団を率いて戦ったソ日戦争の終了後、クリール諸島のウルップ島へ配置転換となった。1970年までウルップ島の地図には彼の栄誉を記念してシシェカールの名が冠された村と通りがあった。1948年からシシェカールは第1独立西シベリア軍管区の軍事体育教練部副部長職へ移動した。1951年、K.E.ヴォロシーロフ記念高等軍事アカデミーを卒業、その後ブルガリア軍歩兵師団司令官の軍事顧問となった。さらにその後は、ソ連陸軍生産工学研究所の軍事学部長として働いた。その後モスクワで暮らした。南サハリン侵攻作戦への参加に関する叙勲はなかった。

日本軍の鈴木康生大佐は戦争終結後ソ連の軍事法廷において戦争犯罪人として矯正労働収容所収監12年の判決を受けた。

彼はようやく1956年に日本へ帰った。その後はかつての戦友たちの支援と様々な援助を行う社会活動に従事した。彼は最後の日まで自分を退役軍人とは認めなかったという。一度サハリンを訪れている。

再度知取協定について（結びに代えて）

戦争の時代にこれまで述べてきたような出来事があった知取の町は、1946年から海軍中将S.Oマカーロフの名前に改称された。この海軍中将が愛した座右の銘は「戦争を記憶しよう！」だった。

ソ連と日本の将校たちがイニシアチブを発揮した行動の結果、1945年8月22日、知取の町で南サハリンにおける戦闘行動停止に関する協定が締結されたのであった。この協定は何百というソ連側の人命だけでなく、同様に日本側の人命をも救ったのである。

犠牲者を最小限に抑え、戦闘行動の早急な終結を可能にしたこの協定の締結は、サハリンにおける日ソ戦争の最も重要な出来事の一つである。このことは記憶され、顕彰されなければならない。

＊『樺太新聞』の日本語の記事については一つの記事をそのまま露訳していない場合や戦前当時の文体に馴染めないからか意訳したり、脚色している場合もあるため、その部分は参考までに註として訳出した。

1　前掲、『樺太終戦史』、460頁〜461頁

2　同上、461頁

3　同上

4　『樺太新聞』昭和20(1945)年8月25日（著者の引用には脚色もあるがそのまま訳出）

5　ГИАСО. Ф. 1038. Оп.1. Д.160. Л.15.

6　Василевский А.М. Дальневосточный стратегическая операция//Победа на Дальнем Востоке. Хабаровск, 1985. С.80.［А.М. ヴァシレフスキー「極東の戦略的作戦」『極東における勝利』、ハバロフスク、1985年、82頁。］

7　Рыжков А.Н. В Тойохаре//Летпись героических дней. Южно-Сахалинск, 1969. С.97.［А. ルイシコーフ「トヨハラにて」『英雄的日月の記録』、97頁。］

8　Руссий архив: Великая Отечественная. Советско-японская война 1945 года: история военно-политического противоборства двух держав в 30-40-е годы. Документы и материалы.：В2т. Т. 18(7-2). М.,2000. С.22.［ロシアの公文書『大祖国戦争、1945年のソ日戦争：30年—40年代における2大強国の軍事的政治的敵対の歴史. 文書と資料』第2巻、第18巻(7-2)、モスクワ、2000年、22頁。］

9　1945年8月、北太平洋艦隊空挺部隊の行動の積極性、攻撃性が特別際立っていた。これはサハリンとクリール諸島方面（トウロ、エストル、マオカ、エキノハラ、オオサカ、トヨハラ、エトロフ）においてもはっきりしていた。よく知られているように、北太平洋艦隊空挺部隊の司令部と航空要員にはヨーロッパ戦線での戦闘参加者が多かったからである。この時の空挺部隊の司令官だったのは空軍少将G.G.ジューバであり、彼はハサン湖の戦闘、ソ連・フィンランド戦争に従軍、大祖国戦争期には黒海艦隊空挺部隊第62駆逐飛行旅団、その他の艦隊の司令官であった。1944年9月ジューバは英国の空挺部隊27戦闘機をアルハンゲリスク近郊のソ連の軍用機基地「ヤゴードニク」に受け入れることを保障し、この基地からアルテン・フィオルテ（ノルウエー）に停泊していたドイツの主力戦艦「ティルピッツ」を空爆、撃沈したのである。この戦功により大英帝国の勲章（“名誉騎士団長”）を授与されている。

10　ЦАМО РФ. Ф. 238. Оп.1584. Д.172. Л.20.

11　同様の空爆作戦は南サハリンの他の地区でも行われた。オハ地区に配置されていた第379独立連隊元軍曹P. ナコネチニコフの回想によると、彼の大隊は日本との戦争が始まるとサハリン東海岸の内路へ飛行機で移動させられた。降下後は武器を携行している日本の兵士の破壊工作を防ぐためにこの地区の「除去」活動を行った。彼の回想では「夜間に外へ出ていくことは不可能だった。いたる所で我々を死が待ち受けていたからだ。破壊活動分子は民間人と同じ服を着ていて、銃剣を持っており、それでわが兵士を切り殺したのだ」。Голоса эпохи. Воспоминания ветеранов-участников Великой Отечественной войны. МУ Александровск-Сахалинская ЦБС. Александровский-Сахалинский, 2005.С.76.［『時代の声. 大祖国戦争従軍の古つわものたちの回想、地方自治体アレクサンドロフスク・サハリンスキーのTSBS』、アレクサンドロフスク・サハリンスキー、2005年、72-73頁。］

12　http://podvignaroda/ru/クトゥーゾフ勲章は方面軍、地方軍団、兵団であれ作戦計画を入念に立案し、遂行し、その結果敵軍に重大な敗北をもたらすか、自軍の戦

闘能力を保持せしめた赤軍指揮官に授与される。また、クトゥーゾフ勲章（3 等勲章を除く）はソ連邦最高会議幹部会令によってのみ授与された。ロシア連邦国防省中央文書館データによると、チェレミーソフ陸軍少将は 1945 年 9 月 8 日付ソ連邦最高会議幹部会令によりクトゥーゾフ第 1 等勲章を授与されている。しかし、このデータでは彼の指揮下第 16 軍団の名は明記されていない。つまり、チェレミーソフはユジノ・サハリンスク突撃作戦に対して叙勲したのではなったのだ…これは、もちろん、正しいとは言えない！

13　前掲、［ロシアの公文書『大祖国戦争、1945 年のソ日戦争：30 年-40 年代における 2 大強国の軍事的政治的敵対の歴史。文書と資料』21 頁.］

14　S.R. ギチの叙勲リスト、彼は「戦功」に対してメダルを授与された。

15　ЦАМО. РФ. Ф. 238. Опю1584ю Д.172 юЛ.21.

16　ГИАСО. Ф. 1038. Оп.1. Д.160. Л.94.

17　これは「和やかにソ連軍戦車部隊進駐」のキャプション付きの写真である。

18　『樺太新聞』昭和 20 年（1945 年）8 月 26 日、この記事後半の引用は以下のように意訳されている。
　　（私の発音に彼らの顔に微笑が浮かぶ。これ以上ロシア語の単語を知らない、残念だ。彼らとおしゃべりがしたいのに。ここで軍服を着た男が私の所へ走り寄ってきた。彼はソ連の従軍記者だ。彼は新聞の記事を指さしながら何か訊いている、おそらく「これは君が書いたのか？」と。私がうなづくと、この兵士は自分を指さしながら「ジャーナリスト」と言う。そして私に握手を求めて手を差し伸べる、穏やかな握手だった。彼は『会話集』を出し、それを見ながらわれわれは協力し合って真実を書かなければならないと話した。）

19　同上、昭和 20 年 8 月 25 日

20　同上

21　同上、昭和 20 年 8 月 26 日

22　ГИАСО. Ф. 171. Оп. 1. Д. 4. Л.1.

23　『樺太新聞』昭和 20 年 8 月 29 日

24　前掲、『樺太終戦史』、465 頁

25　ГИАСО. Ф. 171. Оп.1. Д.4. Л.1

26　ルイシコーフ A.N.［前掲、『故郷の島奪還を目指す闘い』59 頁.］

27　ルイシコーフ A.N.［前掲、「トヨハラにて」『英雄的日月の記録』97 頁.］

28　Козлов Н. А.　Грёзы и слёзы Сахалина//Исторические чтения. Труды государст венного архива Сахалинской области No.2. Южно-сахалинск, 1997. C.237.［N.A. コズロフ「サハリンの夢と涙」『歴史講座　国立サハリン州文書館叢書』第 2 巻、ユジノサハリンスク、1997 年、237 頁.］

29　За Советскую Родину. 1945. 23 сентября. 新聞『祖国ソヴェートのために』1945 年 9 月 23 日

30　『樺太新聞』昭和 20 年 8 月 28 日

31　同上、参考までに原著の日本語社説ロシア語訳を翻訳したものは、以下のようになる。
　　「現在膨大な数の島内住民が集中している豊原市においてはできるだけ早急に統治および統制機能を回復させることが必須である。食料品配給場所における定期的支給を保障し、また衣服と薬品の支給を調整する必要がある。
　　これらのことはソ連軍人だけでなく市民自らも行わなければならないのである。
　　現在我々の豊原市における状況は、ソ連軍入城後の満州・ハルビン市同様である。しかし、ハルビンではソ連軍入城の翌日にはすぐ中国人の商店が開き、ソ連

兵士たちは必要なものをすべて購入することが出来た。我が豊原では商店で買えるものは何もない、あるいは店は閉まっているので兵士たちは驚いている。モスクワから来ているタス通信の特派員は、ここでは写真のフィルムを買うことが出来ないので、モスクワへ照会せざるを得なかったと話していた。

　兵士たちはこの町で買い物をしたいと望んでいるが、全く出来ないでいるのだ。そこで現在兵士たちは家々を回ってあれこれの品物を売ってほしいと頼んでいる。商店が店を開いてくれたら、兵士たちは家々を回ることを止めて、一か所で必要なものをすべて買うことが出来る。ソ連の軍人たちは下着類、時計、石鹸、ウィスキー、酒、シガレット等々を購入したいのである。

　戦争は終わったのだから、店が閉まっていることは日本人住民にとっても同様に問題となっており、街にいやなムードを漂わせている…

　もう一つは、食べものを扱う売店を開く必要がある。すなわち、そこで持ち帰り用の食べ物を提供するのである。その他バーや酒場なども開くべきである。そのことに不可能なことは何も無いはずだ…

　町の住民はゲーペーウーを恐れている。しかし、この機関の職員たちは犯罪者と戦っているのである。また、ゲーペーウーはわが社の編集者に記事の書き方を指図しているとみなしている人たちがいる。しかし、それは違う。わが社の新聞は町にしかるべき秩序が保たれんがための記事を発行しているのである。野球場やクラブ開設の記事はその例といえよう。

　住民は平和な生活へ戻らなければならない！

　ソ連司令部は畑地での労働へ出ることを歓迎している。冬の到来を考える必要があるのではないか。畑では収穫の時を迎えている。我々は毎日働かなければならない。農産物を収穫しなければ、非常に厳しい冬となるだろう。初雪到来までもはやわずかな時間しかない。働こうではないか！

　このような行動はこの島の他の地域においても是非実行されなければならない。」

32　同上

33　同上

34　星野龍猪は1942年から『樺太新聞』の編集長。それ以前は『大阪新聞』の編集者だった。

35　『樺太新聞』昭和20年8月29日（著者が1面トップ記事・他からダイジェストしている）

36　ГИАСО.Ф. 1038. Оп.1. Д.160. Л.80.

37　前掲、［ロシアの公文書：『大祖国戦争、1945年のソ日戦争』21頁.］

38　Приказ от 1.9.1945 No.0305 частям 79-й стрелковой дивизии (ЦАМО РФ). 第79歩兵師団部隊への1945年9月1日付命令：No.0305.

39　上記命令No.0305 には、1945年8月23日、知取で死亡した4名の赤軍兵士に関する資料は公文書では明らかにできなかった。以下略

40　За советскую Родину. 1945. 18 сентяюря. 新聞『祖国ソヴェートのために』1945年9月18日

41　ГИАСО. Ф. П-4724 О1. Д. 40. Л.24.

42　I.I.シャドリン。は1936年から軍務についている。古屯防御要塞の戦闘においては確固とした勇敢な将校としての自己を発揮した。大隊の攻撃重点へと向かい、独立部隊で戦闘を指導した。個人的には木造土塁トーチカを占領した突撃部隊を指揮した。赤星勲章を授与されている。

43　НА СОКМ. Оп.3. Д.91.Л.11-15. С.204.

44　ザイツェフ M.I. は日本の破壊分子を摘発、「無害化」した際に発揮した大胆さと英

雄的行為に対して「勇敢章」のメダルを授与された。1960 年からはマカーロフ市
において再び活躍した。マカーロフ商業機関要員シニア監督官、その後、住民公共
サービス・コンビナート副所長、地区執行委員会商業部及び道路公共サービス部事
務局次長に、1973 年-1985 年にはポレチェンスキー人民代表農村ソヴェート執行
委員会議長を務めた。

45　Родная земля. 1985. 1 января. 新聞『故国』1985 年 1 月 1 日

46　同上、6 月 1 日

47　Дёмин Л.М. Сахалинские записи. М., 1983. С.227-228.〔L.M. ジョーミン『サ
　　ハリン日記』モスクワ、1983 年、227-228 頁。〕

48　Там же、同上、234 頁

49　ГИАСО. Ф. 171. Оп.3. Д.9. Л.91.

50　ГИАСО. Ф. 171. Оп.1. Д.4. Л.24-25.

51　Крюков Д. Н. Гражданское управление на Южном Сахалине и
　　Курильских островах 1945-1948 гг. (Очерк и воспоминания). Южно-
　　Сахалинск, 2012. С.16.〔D.N. クリューコフ『1945 年〜 1948 年の南サハリンおよ
　　びクリール諸島における民政局（概説と回想）』ユジノ・サハリンスク、2012 年、
　　16 頁。〕

52　Там же. 同上、С.22.

53　Там же. 同上、С.17.

54　Там же. 同上、С.22.

55　Микоян А. И. Так было. М.,1999. С.232.〔A.I. ミコヤン『真相』、モスクワ、1999
　　年、232 頁。〕

56　ГИАСО. Ф. 171. Оп.3. Д.7 Л.59.

57　クリューコフ D.N.〔前掲、『1945 年〜1948 年の南サハリンおよびクリール諸島に
　　おける民政局（概説と回想）』27 頁。〕

58　ГИАСО. Ф. 171. Оп.1. Д. 8. Л. 60.

59　ドミートリー・V・クルイロフはミンスク士官学校を卒業（1936 年）、ベロルシア
　　軍管を経て、1939 年ブラゴヴェシチェンスク防護要塞部隊に移動、1942 年-1945
　　年極東方面軍少尉戦術課程教官並びに大隊副指揮官、1945 年 9 月-1946 年 2 月知
　　取（マカーロフ）地区軍司令官、その後 1946 年 6 月まで敷香（ポロナイスク）地
　　区軍司令官、1948 年までサハリンの部隊に、その後オデッサ兵学校の教官等、赤
　　星勲章を授与されている。
　　（ЦАМО РФ. Учётная послужная карта подполковник Д.В. Крылова）〔ロ
　　シア連邦国防省中央文書館「D.V. クルイロフ中佐の登録職歴カード」〕

60　ГИАСО. Ф. 1038. Оп.1. Д.94. Л.20.

61　ГИАСО. Ф. 171. Оп.1. Д.5. Л.33.

62　Там же.（同上）

63　ГИАСО. Ф. 171. Оп.1. Д.1. Л.7.

64　Там же.（同上）

65　Там же.（同上）

66　ГИАСО. Ф. 171. Оп.1. Д.7. Л.12-14.

67　ГИАСО. Ф. 1038. Оп.1. Д.94. Л.22.

68　アリーモフはレーニン勲章（1945 年 2 月）、3 度の赤旗勲章（1938 年、1944 年、
　　1945 年）、赤星勲章（1938 年）を授与されている。

解説——樺太における日ソ戦争——

はじめに

1945年8月8日、ソ連は、日ソ中立条約を破り対日宣戦布告を行い、翌9日、国境を接する北緯50度線を越えて南樺太に進攻した。対アメリカ戦争を中心に語られることの多い太平洋戦争だが、日ソ戦争についてはあまり知られていない。また、日ソ戦争の大きな特徴として、いわゆる終戦の日である8月15日を過ぎても戦争が終わらなかったこと、それどころか15日以降に新たに戦争が開始された例があることが重要である。それでは、日ソ戦争の終戦は、いったいいつなのだろうか。この問題をめぐって、日本側とソ連・ロシア側の歴史認識は大きく異なっていた。

日本の歴史学界はじめ一般の歴史認識は、8月15日には、太平洋戦争は終わっており、日本の終戦の日は8月15日である。もちろんポツダム宣言受諾の日が重要であるので、その場合には8月14日が終戦の日である。なぜ、14日よりも15日の方が強く認識されたのかというと、いうまでもなく玉音放送が行われた日だからである（佐藤卓己『八月十五日の神話—終戦記念日のメディア学—』筑摩書房、2005年）。日本人にとって、終戦とは玉音放送が流されたことであった。そして、この日以降、日本史で言うところの「戦後史」の範疇に入る、というのが日本において広く受け入れられている歴史認識であろう。

これに対して、ソ連史学においては、第二次世界大戦の終結（終戦）は、1945年9月2日のことであった。すなわち、9月2日に、ミズーリ号艦上において、日本と連合国とのあいだで休戦協定（降伏文書）が調印され、このことが欧米諸国では、太平洋戦争の終結とみなされている。しかし、ソ連の場合は、1日遅い9月3日を対日戦勝記念日と定めている（寺山恭輔「ソ連における対日戦記念日」川島真・貴志俊彦編『資料で読む世界の8月15日』山川出版社、2008年）。

戦争の終結が、国によって異なることは、一般によくあることである（佐藤

卓己、孫安石編『東アジアの終戦記念日―敗北と勝利のあいだ―』筑摩書房、2007年）。ただし、日ソ戦争の場合には、実際の戦闘がいつ終わったのか、が不明なままである。8月15日に終わっていないことは明らかなので、8月15日は終戦ではない。そうかと言って9月2日が終戦で、それまで日本とソ連が戦争をしていた、というのも正しい理解ではない。

　日ソ戦争は、大きく分けて満洲（中国東北部）、樺太、千島、朝鮮、内モンゴルという各地域において行われたが、戦闘の終結の日は、それぞれ異なっている。これらのなかでは樺太の日ソ戦争は、体験者が多くの回想・手記を書いたこともあって、戦闘過程が比較的よく知られているといえるだろう。日本側の記録に基づくと、樺太における日ソ戦争は、8月22日に知取にて調印された樺太全島の停戦協定をもって終結したものとみなすことができる。

　本書の著者、ニコライ・ヴィシネフスキーは、サハリン在住の歴史研究者であり、樺太・サハリンの近現代史について、多くの著作を発表してきた。今回は、1945年の日ソ戦争をテーマとして、とりわけ知取において調印された停戦協定の存在を大きくクローズアップするものとなった。著者は、全島の停戦協定が東海岸の当時の南樺太の中間地点である知取において締結されたことに注目し、同停戦協定を「知取協定」と名付けた。ロシアの研究者が、知取協定に着目したことは画期的なことである。なぜならば、ソ連史学の通説である9月2日終戦説と大きく異なっているからである。著者は、あえてソ連側の一次資料に依拠しながら、日本側の歴史認識についても深く理解して樺太における日ソ戦争史を描いたのである。われわれが知ることができなかった、ソ連軍の作戦や行動、対日本軍の認識も明らかにされている。それだけならば、他にもロシア人研究者の研究成果は翻訳も含めて刊行されていたが、本書は、日本側の歴史認識をも視野に入れて、8月22日停戦に着目している、という意味で画期的な研究書である。本書の画期的な内容を理解するためにも、読者のみなさんには、日本において知られている樺太における日ソ戦争の概観をぜひ知っていただきたい。そこで、以下にこれまで知られていることの概要を記すことにしたい。

1. 8月15日に終わらない戦争

　まず、日ソ戦争直前の樺太の状況をみてみよう。日本領であった北緯50度

以南の南樺太（本書では単に樺太と記している）には、第88師団が置かれ日ソ国境の防衛に当たっていたが、太平洋戦争中にはアメリカによる千島上陸の可能性に鑑み、航空機・戦車など主要な装備と兵員を千島および北海道に移動していた。日ソ中立条約の存在と独ソ戦によるソ連の消耗、そして1945年春以降は、ソ連の仲介によって対米戦を終結させることが、日本の唯一の望みとなっていたことから、ソ連への警戒態勢はきわめて乏しいものとなっていたのである。

当時の樺太は人口約40万人であり、早くから開発が進んでいた南部の豊原（現ユジノサハリンスク）大泊（現コルサコフ）、真岡（現ホルムスク）に加えて、北部の恵須取（現ウグレゴルスク）、塔路（現シャフチョルスク）、敷香（現ポロナイスク）なども炭鉱や工場が操業し、にわかに人口が増えていた。

8月8日のソ連による対日宣戦布告のニュースは、日本軍の命令系統によって各部隊に伝えられた。9日には日ソ国境に一番近い半田にソ連軍が進攻を開始し、半田から日本軍司令部がおかれていた古屯まで、軍用道路に沿って南下してきた。日本側は、あらかじめ国境守備のために第125連隊を配備しており、日ソ両軍の激しい戦闘が始まった。この地域の戦闘を国境付近の戦闘と呼ぶことができる。（北海道『樺太終戦史年表（未定稿）』1968年、金子俊男『樺太一九四五夏——樺太終戦記録——』講談社、1972年）。

戦車をはじめ、圧倒的な火力を有するソ連軍の前に、第125連隊は抵抗を続けたものの古屯兵舎はソ連軍に占拠された。しかし、日本軍はあらかじめ近郊の八方山の山中に洞窟司令部を構築していたので、13日夜半には、そこに移転して、引き続き戦闘を継続した。平地にはソ連軍が充満していたが、周囲の山々に日本軍は立て籠もり、砲弾・銃弾の雨の中を耐えながら抗戦していたのである。

15日正午、豊原放送局は中継により天皇の終戦詔勅の録音を放送した。樺太全島で「玉音放送」は聴かれたようである。樺太庁は、義勇戦闘隊（国民義勇隊を改組していた）解散を発令するとともに全島に白旗掲揚を指示した。翌16日には、大津敏男樺太庁長官が全島民に「詔書を承って」と題する放送を行うとともに、官公庁の重要機密書類焼却を指令している。つまり、樺太南部の豊原では、終戦という認識であり、戦後の準備が開始されていたのである。

国境付近の戦闘に参加していた兵士たちはポツダム宣言受諾や「玉音放送」を知らなかったのだろうか。回想録によると、15日夜、ある通信兵が洞窟内の無線機調整中に偶然ラジオニュースが入り、日中の天皇の終戦詔書や阿南陸

相割腹自殺のことを知ってしまった。報告を受けた通信兵鈴木孝範は、連隊長に報告し、連隊主脳による協議が行われた。結論は、師団命令がない以上、停戦交渉を行うわけにはいかず、終戦のことについては箝口令が敷かれたという（鈴木孝範『樺太国境守備隊の終焉―陸軍歩兵第125連隊（札幌月寒編成）と配属部隊の戦記―』山吹会（歩兵第一二五連隊通信中隊戦友会）、1995年）。その結果、16日、17日、18日も山に立て籠もる日本軍と周囲の低地を制圧したソ連軍との激しい戦闘が続いたのである。

　このときに豊原の第88師団が第5方面軍（北部方面軍、在札幌）から受けていた停戦命令は、「但シ停戦交渉成立ニ至ル間　敵ノ来攻ニ方リテハ　止ムヲ得サル自衛ノ為ノ戦闘行動ハ之ヲ妨ケス」（大陸命第1382号、8月16日、防衛庁防衛研修所戦史室『戦史叢書44 北東方面陸軍作戦〈2〉千島・樺太・北海道の防衛』朝雲新聞社、1971年）というもので、いわゆる「自衛戦闘」の命令であった。そして、この停戦命令を国境の戦場に伝えるために派遣された使者のうち一組が到着したのは18日午前零時であった。同日の午後に停戦交渉の軍使派遣、夕方5時すぎにようやく前線に停戦命令が出されている（鈴木孝範、前掲書）。このときの軍使小笠原裕少佐は、ソ連側が要求する武装解除という条件を受け入れて停戦交渉をまとめている（小笠原裕『樺太国境に軍旗を仰ぐ』1985年、丸山重『樺太戦記　個人戦記録』東京図書出版会、2005年に再録）。師団からの停戦命令は、16日発の「自衛戦闘」命令、すなわち武装解除はできない内容であった。なぜ小笠原少佐が武装解除を受け容れたのかについては、たとえば、自衛戦闘を許可する部分は届いていなかった、という説（藤村建雄著『知られざる本土決戦　南樺太終戦史　日本領南樺太十七日間の戦争』潮書房光人社、2017年）もあるが、いまだに謎である。ともあれ、武装解除を受け入れ停戦交渉がすぐにまとまった、というのが国境付近の戦闘の特徴である。

2. 停戦命令以後の戦争

　しかし、16日に師団が発した停戦命令以後に新たに戦闘が始まったところがいくつもある。16日、ソ連軍は西海岸北部の塔路に上陸し、海岸線を南下して恵須取に進攻し、日本側は死者・自決者170余名を出した。ソ連軍は18日には西海岸の西柵丹に上陸した（北海道『樺太終戦史年表（未定稿）』1968年）。樺太の西海岸北部地方は、ソ連軍に次々に制圧されたのである。正規軍は内陸

部の上恵須取に配備されていたので、恵須取市街は、主に義勇戦闘隊が防衛に
あたり、進軍してきたソ連軍と激しい市街戦を繰り広げた。もちろん、義勇戦
闘隊が与えられた武器はきわめて貧弱なもので、火力ではソ連軍が圧倒してい
た。また、正規軍のいなかった塔路では町長が停戦交渉を行いソ連側の武装解
除要求を山に持ち帰り協議すると、義勇戦闘隊員らは反対し抗戦を主張したと
いう。しかし支庁長とも相談の上、武装解除・下山が実行された（小池省二『樺
太　戦禍の町で』近代文芸社、1996 年）。このようにソ連軍の考える停戦とは日
本側の武装解除をともなうものであった。

　ところが、自衛戦闘を堅持する第 5 方面軍（札幌）は 19 日、次のような命
令を第 88 師団に発した。

　　一　軍ハ貴師団カ現地折衝ニ依ル停戦実施ヲ希望スルモ　敵ニシテ事ヲ構
　　　ヘ無理ヲ要求シ依然攻撃ヲ中止セサルニ於テハ　飽ク迄自衛戦闘ヲ敢行ス
　　　ヘシ
　　二　下樺太地区（南部）ヲ最後迄頑強ニ死守スル為　兵力ヲ上樺太地区（北
　　　部）ニ移動スルコトハ希望セス（達参特電第 28 号、1945 年 8 月 19 日、防衛
　　　庁防衛研修所戦史室、前掲書）

　第 5 方面軍は、20 日の時点でも大本営に対し「…現地部隊交渉ニ関シ…武
装解除等ニハ及ハシメサル如クシ…敵ノ不法行動ニ方リテハ其位置付近ニ於テ
断固自衛行動ヲ敢行スル如ク指導シアリ」（達参特電第 37 号、194 年 8 月 20 日、
防衛庁防衛研修所戦史室、前掲書）と報告していた。

　武装解除を条件として国境付近はじめ各地の戦闘が停戦に至ったことを第 5
方面軍は理解していない。無条件降伏をした敗戦国日本の停戦＝武装解除とい
う認識のもとに樺太全島の占領を目的として次々と上陸・進軍してくるソ連軍
と、自衛戦闘継続を許容し（武装解除は受け容れられない）、南部樺太死守を命
ずる第 5 方面軍の認識はあまりにもかけ離れていた。

　樺太の戦闘のなかで、最も悲劇的なものは 8 月 20 日から始まった真岡の戦
闘であろう。20 日早朝、霧の中をソ連艦隊が真岡港に入港した。陸地では山
中から艦隊に向かい守備隊（正規兵）・義勇戦闘隊・学徒兵などが銃を向け警戒に
当たっていたが、ソ連側が一発発砲したことを契機に撃ち合いとなり火力で圧
倒するソ連軍は、艦砲射撃を行うとともに、上陸後は市民に対する無差別的銃
撃・市街地掃討戦を開始した。市街の大半が焼失、日本側の死者・自決者は約
1,000 名にのぼった。真岡郵便局の女子職員九名の集団自決もこのときである。

20日の時点で、なぜこのような激しい戦闘が発生したのだろうか。最初の一発については、空砲であったとか礼砲であったという説（金子俊男、前掲書）から、上陸用舟艇に乗った数十名のソ連兵は白旗をかかげていた、という証言（小嶋正吉『実録　樺太の終戦秘史』御園書房、1987年）まであり、ソ連軍の意図も、今のところ正確にはわからない。ただ、迎える日本側には自衛戦闘も可、南部樺太死守の命令が出ており、たとえ空砲・礼砲であっても反撃を誘発したであろう。

　日本軍は真岡市街東方の山地に展開していたが、当初は停戦を穏便に行うという方針のもとに反撃せず、第一大隊からソ連軍へ軍使を派遣したが、そのほとんどがソ連軍により射殺された。逃げ帰った兵の報告により、大隊は戦闘を決意するにいたる。ソ連軍の砲撃は21日朝から本格化し、日本軍は当初陣取った山から後退し、その過程で各隊は大隊本部との連絡も途絶え、各自の判断で山を後退しながら防戦に努めるほかなかった。日本軍は、熊笹峠を通って豊原方面へ移動したが、ソ連軍は砲撃・空爆とともに自動小銃による掃蕩戦を展開し、日本軍各隊は山中を敗走した。

　豊原にいる峯木十一郎第88師団長は、21日、第5方面軍参謀長萩中将に電話で武装解除やむなしの旨伝えると、方面軍司令官と協議の上、認める回答があった。これによって、ようやく22日に武装解除を内容とした全島的な停戦協定が東海岸の中部に位置する知取で第88師団参謀長鈴木康生大佐とソ連軍アリモフ少将間に結ばれた。真岡でも22日夕に「捕虜となるとも停戦せよ」の師団命令が届いた。そこで二度目の軍使として村山康男中尉を派遣、しかし彼等も遭遇したソ連兵に射殺されたが、逃げ帰った兵が持つソ連側伝言に従い、山沢饒連隊長がソ連側陣地に赴き23日午前2時、停戦が成立した。

おわりに

　日本側で知られている樺太の日ソ戦争の過程をみると、8月22日の知取協定が、全島における戦闘を停止する意義をもったことが理解できる。ただし、厳密には、知取協定締結以降に同日午後3時30分、豊原空襲（豊原駅前の避難民が被災、死傷者数約400名）があり、真岡の停戦は翌23日であった。ソ連側の資料を用いて、知取協定の重要性を実証した本書は、ロシア史としてはもちろん、日本史の研究成果としても画期的なものであり、広く日本の読者に伝え

たい書物である。また、樺太はじめ日ソ戦争の各地域・各戦場についての実証的な研究は、まだまだ緒についたばかりである。今後の課題としたい。

　なお、本書の刊行は、科学研究費、基盤研究 (A)「日ソ戦争および戦後の引揚・抑留に関する総合的研究」（研究代表者：白木沢旭児）により経費を支出したものである。

　　＊本稿の1、2は、白木沢旭児「「八・一五」で終わらなかった北海道の戦争」（佐藤卓己、
　　　孫安石編『東アジアの終戦記念日――敗北と勝利のあいだ――』筑摩書房、2007年）
　　　を加筆・修正したものである。

訳者あとがき

　「知取」（シリトル）は一般的には馴染みのない地名である。日本時代の樺太
東海岸沿いの町で、ソ連領北サハリンと樺太の国境から首都豊原とのほぼ中間
地点に位置し、現在名はマカーロフ市となっている。第二次世界大戦末期、ソ
連軍が樺太に侵攻し、国境から始まった日ソ激戦の終結はこの町で締結された
停戦協定「知取協定」によるのである。

　「序言」で述べているように、著者ヴィシネフスキー氏は 2008 年ユジノサ
ハリンスクで行われた日ロ研究者によるシンポジウムで北海道大学文学部白木
沢旭児教授の報告「樺太における戦争の終結」に接し、「知取協定」の存在を
初めて知って驚いたという。従来のソ連の戦史では、勇敢な赤軍の兵士たちの
突撃、奮戦によって敵を撃破しつつ進軍、豊原を占領して日本軍国主義から「南
サハリンを解放した」というお決まりの筋書きだったから、この報告は強い印
象を残したのである。ソ連の資料では日本軍との停戦交渉などは特筆されるこ
ともなく、全く注目されなかったのであった。

　ヴィシネフスキー氏は 2012 年、簡易百科事典『第二次世界大戦期のサハリ
ンとクリール諸島』(1) を出版した。その「南サハリン進攻作戦：1945 年 8 月
11 日～ 8 月 25 日」の項に 8 月 22 日の出来事として真岡作戦の展開、激戦と「知
取町（現マカーロフ市）においてソ日の停戦協定が締結された」と書き込んだ。
この書の「知取町（マカーロフ市）」の出来事を読んで反応したのがマカーロフ
市管区長 A. クラスコフスキー氏だった。氏は自らもこの件について資料集め
をするとともに、ヴィシネフスキー氏に歴史書としての『知取協定』執筆を依
頼したのである。ヴィシネフスキー氏は様々な事情で従来注目、利用されてこ
なかった日本側の資料をいろいろな伝手をたどって入手、翻訳家の助けを借り
て読みこなし、本書が構成され、書きあげられたのである。本書には特に知取
については日本時代からの詳しい記述が収められている。

　クラスコフスキー氏は日本時代、製紙工業、炭鉱、材木関係等、また製品の
積出港としても大いに栄えていた知取の町を、停戦協定が結ばれた「平和の町」

としても日本時代と関連させてアピールし、一般のツーリストと戦後日本へ引き揚げた日本人を含め島内の知取ゆかりの元住民を現マカーロフ市へ新たな観光地として招き入れたいと考えているのであろう。ヴィシネフスキー氏への依頼はいわば「地域振興」のアイデアから生まれたといえるかも知れない。ちなみに、樺太時代の同じ東海岸の豊原に近い「栄浜町」（現スタラドゥープスコエ）の海岸は、1923 年に宮沢賢治が前年に早世した妹をしのんで訪れたということで、現在日本からの観光客が多く訪れているという。

　以上がヴィシネフスキー氏の本書執筆までのいきさつであるが、既に長年にわたり第二次世界大戦期のサハリンおよびクリール諸島の歴史の多面的な研究を進めてきた蓄積によって本書は樺太における戦争の開始、戦闘の経過、終結の総合的な記録となっている。

　私は本書を通読した結果、翻訳して日本の読者に紹介したいと考えた。本書はサハリン在住のロシア人歴史家による第二次世界大戦の延長線上の樺太における日ソ戦争に関する歴史書であり、日本ではあまり知られていないソ連（当時）側の樺太進攻についての考え方と戦闘全般が資料に拠って示されているからである。中でも私自身が最も興味を惹かれ、重要だと考えるのは第 1 章「南サハリンにおける避けがたい戦闘」である。注目されるのは、1945 年 8 月 9 日、ソ連が「日ソ中立条約」を破棄して満州と樺太に侵攻したのは、日露戦争によって奪われた「ロシア固有の領土」・サハリンの半分を取り戻すというスターリンの長年の秘められた意図だったという点である。そしてその機会が訪れるのは、大戦末期である。1939 年に締結していた独ソ不可侵条約を破棄して 1941 年 6 月 22 日、ヒトラーのナチス・ドイツがスターリンの楽観論に反し突如ソ連に侵攻したため、ソ連は以後 4 年にわたって国家存亡の危機をかけた凄惨な独ソ戦を戦わざるを得ず、その結果国土の荒廃と軍人と一般人を含む約 2700 万の国民を失ったのである。ソ連軍の人的被害（死者）は合計約 1129 万人、うち行方不明もしくは捕虜は約 446 万人とされる。[2] 独ソ戦におけるソ連の軍人、国民の死者数は日本ではあまり知られておらず、注目されることがないように思われるが、私は 2 年前ヨーロッパ旅行の途上有名なアウシュヴィッツ強制収容所を見学した折、1941 年 9 月、ソ連軍人捕虜 600 名などに対してガス殺最初の実験が行われたというガイドの説明に驚き、衝撃を受けたことが思い出される。その他にもアウシュヴィッツではユダヤ人だけでなく民間人を含めソ連人もかなり犠牲になっているのである。そのことから、独ソ戦におけるソ

連軍と国民の消耗は想像を絶する様々な形態と規模だったという実感を得た。

　スターリンにとってチャンスが訪れたのは、ようやく1945年2月だった。ドイツ本土進攻作戦が開始され、独ソ戦勝利の展望が見えてきたのである。この時期に米・英・ソによるヤルタ会談が開かれ、日本軍降伏に貢献できる優位に立ったスターリンは、対日参戦の代償として樺太とプラス千島列島獲得の約束を取り付け、[3] 長年の野望実現が約束される鍵を握ったのである。独ソ戦初期からソ連に対し膨大な物資、武器を援助してきた米英など連合国がいかに日本軍の最終的制圧、無条件降伏達成に苦戦、苦慮していたかがうかがえる。ドイツ軍が1945年5月8日降伏文書にサインした後、ソ連は極東戦への最終的、具体的準備を進め、米軍が8月6日の広島に続いて9日、長崎に原子爆弾を投下した同日に、ソ連軍の満州と樺太への侵攻が始まったのである。

　8月15日、日本のポツダム宣言受諾、日本軍無条件降伏後も樺太においては戦闘行動が続けられ、日本軍が降伏戦術を部隊ごとに決めていたからか、国境の部隊では8月18日に停戦に応じて降伏したが、他の部隊では依然自衛抗戦が続くなど停戦協定は1本にはまとまらず、正式の協定となったのは8月22日の「知取協定」だったのである。そこに至るまでの経過が本書では様々な資料に拠って述べられている。ただ、日本で特に有名な真岡の戦闘と停戦・降伏までの過程については、日本側では停戦を求める軍使のほとんどが射殺されたという回想録などの記述があり、差異が認められる。これはソ連軍が部隊ごとの軍使を正式の「軍使」と認めなかったなどの悲劇かも知れない。著者はこの件について詳述していないが、日本側資料に多く当たることが出来なかった事情もあると思われる。

　その他に私が樺太日ソ戦で注目したのは、ソ連の軍隊では戦闘に入る前に政治局により兵士たちへの心理、倫理、政治面などの講義、師団の新聞、また壁新聞などによる多面的な教育がなされていたことである。日本の軍隊との大きな違いが分かる。有名な大新聞の従軍記者たちの報告も多く紹介されていて興味深い。

　本書を翻訳して、サハリンでの戦闘についてもヨーロッパ戦線との関連付けという世界史的な観点の重要性を認識した。スターリンが自らも参加した協議による「ポツダム宣言」に反する秘密指令を出して行った日ソ戦直後の対日政策の諸問題は、独ソ戦によるソ連の甚大な国家的消耗を反映していたとはいえ、今日にいたるまで未解決のままである。今年は第二次世界大戦後75周年を迎えるが、大戦末期敵対して戦ったソ連邦は崩壊して約30年が経っている。と

はいえ、日ロ両国の相互理解はまだ十分に進んでいるとはいえない。実際にあった歴史上の事実をふまえ、資料に拠って今後とも日ロ双方で丹念に探索し、広く一般化していく姿勢の大切さを改めて感じている。このような歴史の解明が日ロ友好、特に北海道の北に隣接するサハリン州との友好・交流進展を促し、日本領樺太時代の遺産を共に享受していくことに寄与するはずであり、本書がその一助となることを願っている。

　本書に対し白木沢旭児教授が「解説」論考「樺太における日ソ戦争」をお書きくださったことには心から感謝申し上げたい。この論考によって樺太における日ソ戦争に関する日本側の主な研究書、記録、回想記等の論点が簡潔に紹介されている意義は大きい。ヴィシネフスキー氏の論述からはソ連軍の勝者としての対極的な施策や赤軍軍隊の特性などへの理解が得られ、極東・樺太における日ソ戦争に対する総合的視野が開けることを期待したい。

　白木沢旭児教授には本訳書作成の過程では全般的にご援助いただいた。翻訳文を通して丁寧にお読みいただき、用語や日本軍に関して様々なご助言をいただいた。さらに日本語による樺太戦闘地図の作成、原著に多数掲載されているソ連軍人写真の取捨選択、その他ご協力いただいたことは多い。重ねて感謝申し上げたいと思います。最後になりましたが、白木沢旭児先生には本書の意義を高く評価され、出版実現へ特段のご尽力をいただきました。著者と共に記して心より感謝申し上げます。

　本書出版につきましては、著者、ニコライ・ヴィシネフスキー氏より特別なご配慮を賜り、日本における翻訳出版の権利を全面的に承認いただきました。心からお礼申し上げます。

　最後に本書の出版を快くお引き受けくださり、丁寧な編集作業を経てこのように親しみやすい美しい本に仕上げてくださった御茶の水書房社長・橋本盛作氏と編集を担当してくださった小堺章夫氏に心からお礼申し上げます。

1)　Н.В.Вишневский Сахалин и Курильские острова в годы Второй мировой войны——Краткий энциркопедический справочник. Южно-Сахалинск, 2010. c.237.
2)　独ソ戦においてはこのソ連側の死者数と共に、ドイツ側でも民間人を含め 600 万〜

830万（他の戦線を含む）の犠牲者を出したという。大木毅著『独ソ戦——絶滅戦争の惨禍』、p. iii～iv

3) この米・英・ソ首脳のヤルタ会談の際の「ヤルタ秘密協定」については、戦後、特に米ソ間の冷戦の激化とともに「協定の無効論」の議論があることを記す。

ニコライ・V・ヴィシネフスキー

サハリンの歴史研究家、郷土史家、1959年、アレクサンドロフスク・サハリンスキー市出身。文化施設、マスコミ関係の仕事を経て地方自治体と国の機関、クリール地区行政機関、州知事室、サハリン州政府などに勤務。2015年〜2016年サハリン州郷土博物館長。

主な著書 『オタス』（小山内道子訳、北大版）（『トナカイ王』、小山内道子訳　成文社版）、「大鵬の父親　サハリンに死す―歴史に翻弄された「白系ロシア人」の孤独な生涯―」（小山内道子訳『文藝春秋』所収）。

　以下は邦訳なし、『差し迫った死』、『第2次世界大戦期におけるサハリンとクリール諸島、簡易百科事典』、『チェルペーニエ』（横綱大鵬家の物語）、『アレクサンドロフスクの人々』、『マカーロフの大地』

訳者：小山内　道子（おさない・みちこ）

東京教育大学文学部史学科（西洋史専攻）卒業。プーシキン記念ロシア語大学留学。北海道教育大学釧路校ロシア語非常勤講師（〜2009年度）、翻訳家。

訳書：『トマス・モア』（御茶の水書房）、『トナカイ王―北方先住民のサハリン史』（成文社）、『わたしの歩んだ道　父片山潜の思い出とともに』（成文社）『始まったのは大連だった―リュドミーラの恋の物語』（成文社）、『日本領樺太・千島からソ連領サハリン州へ――一九四五年〜一九四七年―』（成文社）。

来日ロシア人研究会共同論集『異郷に生きる―来日ロシア人の足跡』、（Ⅰ〜Ⅵ、成文社）、ハルビン・ウラジオストクを語る会共同論集『セーヴェル』等に論考。

解説者：白木沢　旭児（しらきざわ・あさひこ）

1959年、宮城県生まれ。現在　北海道大学大学院文学研究院教授。サハリン・樺太史研究会会長。

主要著書『大恐慌期日本の通商問題』御茶の水書房、1999年。『日中戦争と大陸経済建設』吉川弘文館、2016年。

主要論文「「八・一五」で終わらなかった北海道の戦争」（佐藤卓己、孫安石編『東アジアの終戦記念日―敗北と勝利のあいだ―』筑摩書房、2007年）。

からふと　にっそせんそう　しゅうけつ　しりとるきょうてい
樺太における日ソ戦争の終結──知取協定

2020年8月5日　第1版第1刷発行

著　者　ニコライ・ヴィシネフスキー

訳　者　小山内道子

解　説　白木沢旭児

発行者　橋本盛作

発行所　株式会社 御茶の水書房
　　　　〒113-0033 東京都文京区本郷5-30-20

組版・印刷・製本／モリモト印刷㈱

日中両国から見た「満洲開拓」
——体験・記憶・証言
寺林伸明・劉含発・白木沢旭児　編
A5判・六一六頁　価格・九四〇〇円

大恐慌期日本の通商問題
白木沢旭児　著
A5判・四一〇頁　価格・七三〇〇円

記憶の地層を掘る
——アジアの植民地支配と戦争の語り方
今井昭夫・岩崎稔　編著
A5判・二七二頁　価格・二六〇〇円

死者たちの戦後誌
——沖縄戦跡をめぐる人びとの記憶
北村毅　著
A5判・四四二頁　価格・四〇〇〇円

日本とオーストラリアの太平洋戦争
——記憶の国境線を問う
鎌田真弓　編
A5判・二六四頁　価格・四四〇〇円

帝国とナショナリズムの言説空間
——国際比較と相互連携
永野善子　編著
A5判・二九六頁　価格・四六〇〇円

植民地近代性の国際比較
——アジア・アフリカ・ラテンアメリカの歴史経験
永野善子　編著
A5判・三一二頁　価格・四六〇〇円

過去と歴史——「国家」と「近代」を遠く離れて
岡本充弘　著
四六判・二八〇頁　価格・二八〇〇円

日中戦争史論——汪精衛政権と中国占領地
小林英夫・林道生　著
A5判・三八〇頁　価格・三八〇〇円

境界線上の市民権——日米戦争と日系アメリカ人
村川庸子　著
菊判・四四〇頁　価格・七二〇〇円

戦後日本の反戦・平和と「戦没者」
——遺族運動の展開と三好十郎の警鐘
今井勇　著
菊判・三五二頁　価格・五〇〇〇円

中国残留日本人孤児の研究
——ポスト・コロニアルの東アジアを生きる
浅野慎一・佟岩　著
菊判・五五八頁　価格・八九〇〇円

御茶の水書房
（価格は消費税抜き）